KB200679

정서적으로 건강한 여성

정서적으로 건강한 여성

지은이 | 제리 스카지로 · 피터 스카지로
옮긴이 | 강소희
초판 발행 | 2016. 7. 18
15쇄 발행 | 2024. 7. 12
등록번호 | 제1988-000080호
등록된 곳 | 서울특별시 용산구 서빙고로65길 38
발행처 | 사단법인 두란노서원
영업부 | 2078-3333 FAX | 080-749-3705
출판부 | 2078-3332

책값은 뒤표지에 있습니다.
ISBN 978-89-531-2600-8 03230

독자의 의견을 기다립니다.
tpress@duranno.com www.duranno.com

두란노서원은 바울 사도가 3차 전도 여행 때 에베소에서 성령 받은 제자들을 따로 세워 하나님의 말씀으로 양육
하던 장소입니다. 사도행전 19장 8-20절의 정신에 따라 첫째 목회자를 돕는 사역과 평신도를 훈련시키는 사역,
둘째 세계선교 ™와 문서선교 단행본·잡지 사역, 셋째 예수문화 및 경배와 찬양 사역, 그리고 가정·상담 사역 등을
감당하고 있습니다. 1980년 12월 22일에 창립된 두란노서원은 주님 오실 때까지 이 사역들을 계속할 것입니다.

정서적으로 건강한 여성

제리 스카지로 · 피터 스카지로 지음

강소희 옮김

두란노

Contents

아내가 내게 해 준 가장 애정 어린 선물이 있다면 내가 담임하던 교회를 안 다니겠다는 것이었다. 물론 마음 한 켠에선 굴욕감으로 제리가 죽이고 싶을 만큼 밉기도 했다. 하지만 주님께서는 아내의 용기 있는 결정을 통해 놀라운 방법으로 내 삶을 변화시키셨다.

《정서적으로 건강한 여성》은 아내 제리의 이야기를 담고 있지만 그 원리만큼은 《정서적으로 건강한 남성》이라 제목 붙여도 좋을 것이다. 주님을 따르는 모든 사람들은 그리스도 안에서 우리의 영적 성장이 단절되어 왔다는 사실을 발견하고 적용할 필요가 있다. 나는 모든 남성 목회자들과 이 땅의 모든 성도들에게 이 책을 강력하게 추천한다.

지금까지 이 메시지의 최고 수혜자는 다름 아닌 나 자신이며, 가장 가까이에서 제리가 제시하는 각각의 '멈추기'들을 배우고 있다. 지난 17년 동안 나는 아버지로서, 남편으로서, 목회자와 지도자로서 어떻게 멈추어야 할지를 배워 왔다. 비록 시작은 힘들었지만 이 여정을 통해 나는 자유를 얻었고, 그리스도인의 삶에서 이전에는 꿈꿀 수 없었던 기쁨을 누리고 있다.

사실 이 책에 소개된 여덟 가지 '멈추기' 지침들은 뉴 라이프 펠로십 교회의 목회 및 리더십 가치에서 기초를 이루고 있는 것들이다. 이 책이 던지는 도전들을 기꺼이 받아들일 용감한 여성 및 남성들이 없었다면 깊은 수준의 삶의 변화와 복음을 통한 건강하고 성경적인 공동체를 일으키는 능력에 대해 여전히 의심했을 것이다. 이런 이유 때문에 이 메시지의 부요함이 보다 많은 청중들에게 전해진다는 사실이 마냥 흥분된다.

나는 아내를 사랑한다. 아내는 완벽함과는 거리가 먼 사람이다. 그럼에도 불구하고 28년의 결혼생활 후 내가 기쁘게 말할 수 있는 것은 제리가 최고의 영웅이라는 것이다. 그녀의 삶은 가장 위대한 선물이다.

- 피터 스카지로

Part 1

"이제
그만 할래!"

내 인생의 선전포고

Emotionally Healthy

Woman

Chapter 1

살기 위해
로프를 자르다

《정서적으로 건강한 여성》은 예수님을 따르는 삶의 이야기이다. 또한 그분의 나라에 속하지 않는 것이라면 무엇이 되었건 그것을 멈출 수 있도록 용기를 가져다주는 책이다. 이것이 영적 · 정서적으로 성숙한 신앙으로 자라는 데 필요한 모든 것은 아니겠지만, 적어도 분명한 것은 '멈춤'이 없이는 성숙에 이를 수 없다는 것이다.

전통적으로 기독교 공동체는 뭔가를 중도에서 멈추는 것에 대해 그다지 높은 가치를 두지 않는다. 솔직히 말하면 그것과 정반대이다. 우리는 종종 견디고 인내하는 것에 가장 높은 점수를 준다. 하던 일을 멈추거나 그만둔다는 생각은 대부분의 그리스도인들에게 완전히 낯선 개념이다. 나는 이제까지 뭔가를 도중에 관두는 이들을 약한 사람이나 바람직하지 않은 사람들이라 여기며 성장해 왔다. 그래서 어느 그룹이나 팀에 일단 들어가면 절대로 중도에 그만두는 일이 없었다. 어린 시절 걸스카우트를 아주 잠깐 관둔 적이 있기는 했지만 곧 다시 들어갔던 기억이 난다. 관두는 것은 우리 스스로나 다른 사람들 사이에 결코 칭찬할 만한 자질이 아니다.

내가 이야기하려고 하는 '그만두기' 또는 '멈추기'는 연약함이나 절망 때문에 포기하는 그런 종류의 중단이 아니다. 그것은 오히려 강인함과 관련된 멈춤이자 진리 안에서 살기로 선택하는 것과 가깝다. 그리고 이것은 우리의 오해가 없어지고 환상이 사라질 때 가능해진다. 이 말은 모든 일이 잘되고 있는 척, 괜찮은 척하는 일을 멈춘다는 뜻이기도 하다. 자신의 환상을 버리지 못하는 것은 결혼 생활이나 가족 내에서 또는 우정이나 삶의 현장에서 보편적이고 비일비재한 문제이다. 비극적인 것은 만사가 형통한 척 보이려는 이 시도들이 사랑과 진리가 가장 밝게 빛나야 할 장소인 교회 안에서도 이뤄진다는 것이다.

성경적인 '멈춤'은 대개 '선택'과 손을 맞잡고 진행된다. 우리가 자신의 영혼 또는 다른 이들의 영혼에 악영향을 끼칠 어떤 일을 멈추는 일은 사랑에 뿌리를 두고 있다. 우리는 생명으로 나아가는 다른 방법들을 선택함으로 해방을 경험하게 된다.

예를 들어 '다른 사람들이 뭐라고 생각할까?'라는 두려움에서 벗어날 때 우리는 자유를 선택한 것이다. 거짓말을 멈출 때 우리는 진리를 선택한 것이다. 타인을 향한 비난을 멈출 때 그것은 스스로 책임을 떠안기로 선택한 것이다. 우리가 잘못된 생각을 멈출 때 현실의 삶을 살기로 선택한 것이다.

멈춤은 사도 바울이 성경에서 말하고 있듯이 거짓과 옛사람을 벗어버리는 하나의 방법이다. "너희는 … 옛사람을 벗어 버리고 … 하나님을 따라 의와 진리의 거룩함으로 지으심을 받은 새사람을 입으라 그런즉 거짓을 버리고 각각 그 이웃과 더불어 참된 것을 말하라…"(엡 4:22-25).

옳은 이유에서 선택하는 멈춤은 우리를 변화시킨다. 마침내 '이제 그만'이라고 말할 때 우리 안에 있던 뭔가가 깨지고 부서진다. 그리고 성령 하나님은 우리 안에 새로운 해결책을 만드신다. 우리는 두려워하는 마음과 자신을 방어하는 태도를 극복할 수 있다. 우리 마음의 딱딱한 토양이 부드러워져서 새로운 성장과 가능성을 받아들일 준비를 갖추게 되는 것이다.

성경은 모든 일에는 그 기한과 때가 있다고 말한다(전 3:1). 그것에는 멈춤도 포함된다. 여기에는 정당한 이유가 전제되어야 하며, 그것은 적당한 시간과 바른 방법을 통해 이뤄져야 한다. 이것이 이 책이 말하고자 하는 바다.

로프를 자르던 순간

1985년 사이먼 예츠와 그의 등반 파트너 조 심슨은 페루에 있는 6,400미터 산 정상을 정복했다. 하지만 곧 이어 그들에게 불행이 닥쳤다. 하산하는 중에 심슨이 낭떠러지에 떨어져 다리가 부러진 것이다. 하늘은 점점 어두워지고 바람도 거세지고 있었다. 예츠는 부상당한 동료를 안전하게 하산시키기 위해 안간힘을 썼다. 그는 로프를 이용해 심슨을 먼저 내려보낸 후 합류하기를 반복하며 하산했다. 하지만 어느 지점에 이르렀을 때 심슨이 빙벽에 매달린 채 오도가도 못하는 상황이 벌어지고 말았다. 허공에 매달린 심슨의 몸무게를 더 이상 버텨낼 수 없게 되자 예츠는 친구의 죽음과 자신의 생사라는 선택의 기로에서 고민하게 된다.

더 이상 지탱할 힘이 없었던 예츠는 자신이 살기 위해 로프를 자르는 지옥 같은 결단을 내리게 된다. 죽음을 마주했을 동료를 떠나보낸 것이다.

나중에 예츠는 이 고통스러웠던 순간에 대해 언급하며 이렇게 말했다. "내가 할 수 있는 일이 아무것도 없었습니다. 로프에 몸을 지탱한 채 멍하니 거기 있었어요. 그렇게 한 시간 반 가량을 있었습니다. 몸 상태는 점점 더 가망이 없어졌어요. 나는 말 그대로 발밑이 무너져 내리고 있는 부드러운 눈 속에서 육포가 되어가고 있었습니다. 바로 그때 나한테 주머니칼이 있었다는 생각이 들었죠. 순간 정말 순식간에 결정을 내렸습니다. 적어도 그 상황에서는 그렇게 하는 것이 옳다는 생각이 들었죠. 거기서 살아나려면 다른 방법이 없었습니다. 최대한 빨리 이 산을 벗어나야만 했죠. 저는 주머니칼을 꺼내 들었습니다.”

예츠는 결국 자신을 죽음으로 끌어당기고 있는 로프를 잘랐다. 그는 베이스캠프에 돌아오지만 로프를 잘랐다는 죄책감과 동료가 필시 죽었을 거라는 생각에 슬펐다. 하지만 떨어진 심슨은 기적적으로 살아남았다. 그는 절벽과 협곡을 기어올라 예츠 보다 먼저 베이스캠프에 도착했다. 예츠가 로프를 자른 결단을 묘사하는 글에는 그의 내적인 몸부림이 잘 표현되어 있다. 여기서 우리는 잘 멈추기 위한 해결책을 발견하게 된다.

내 스스로가 그렇게 비참하게 느껴진 적은 없었다. … 만약 그때 로프를 자르지 않았다면 분명 나는 죽었을 것이다. 다른 누구도 대신 로프를 잘라 주지 않았다! 상황이 나빠도 그렇게 나쁠 수가 없었다! 내 이야기를 듣고서 “당신은 왜 이렇게 하지 않았죠? 저렇게도 시도해 봤어야죠”라며 질문을 던지거나 의문의 눈길을 보내는 이도 있었다. 전혀 이해할 수 없다거나 잔인하다며…. 하지만 다른 방법이 있지 않았을까 하는 생각이 맴돌 때마다 나는 여러 번 로프를 자르는 것 외에는 다른 선택이 없었다고 스스로를 설득시켰다. 그 일은 마치 신성모독과 같았다. 그것은 모든 본능을 거스르는 일이었고 심지어 자기보호라는 본능과도 어긋나는 것이었다. 나의 죄책감과 비겁함의 감정에 대항할 하등 합리적인 이유가 없는 주장이라는 이야기도 들었다. 나는 이에 대한 벌을 달게 받았다. 마치 살아남았다는 것 자체가 범죄인 것처럼 죽어가는 그를 떠난 것에 대해 처벌을 받고 속죄하는 것이 옳아 보였다.[1]

이처럼 '멈춤'은 생명을 자르는 것과 같은 느낌일 수 있다. 어쩌면 누군가에게는 죽을 것 같은 기분일 수도 있다. 이 때문에 많은 사람들에게, 특히 교회 안에서 '멈춤'은 상상도 할 수 없는 일이다. 그것은 때로는 괴상하거나 잔인한 모습으로 보이기도 한다. 굳이 평지풍파를 일으키려는 사람이 있을까? 일부러 문제를 일으키려는 사람은 아무도 없을 것이다.

하지만 우리가 더 이상 감당할 수 없을 만큼 어떤 한계를 넘어서야 하는 지점이 오고 있다. 예츠처럼 우리도 하던 일을 멈추고 뭔가 다른 선택을 하지 않으면 영적으로나 정서적으로 죽을 수밖에 없음을 알게 되는 때가 있다. 마침내 우리는 내면의 두려움을 넘어서서 우리 앞에 놓인 거대한 미지의 영역으로 들어서게 된다.

예츠는 '등반 시 같이 죽는 한이 있더라도 결코 동료를 포기해서는 안 된다'라는 산악협회의 신성한 규칙을 깼다는 것 때문에 사람들로부터 많은 비난을 받았다. 오히려 조 심슨이 온 힘을 다해 예츠의 선택을 옹호해 주었다. 그러나 결론적으로 로프를 자른 예츠의 선택으로 두 사람은 모두 살아남을 수 있었다.

자유를 잃은 그리스도인

처음 그리스도의 사랑을 깨닫게 되었을 때 나는 무척이나 힘이 들었다. 하나님의 엄청난 사랑은 19세의 갓 대학에 입학한 학생이 느끼기에는 압도당할 만큼 대단했다. 나는 즉각적으로 열정을 다해 살아 계신 주님을 알려고 애썼고 그분을 기쁘시게 하는 것이면 그것이 무엇이든 기꺼이 감당할 준비가 되어 있었다.

내 삶은 영적 훈련의 핵심이라 할 만한 활동들을 중심으로 짜여졌다. 가령 성경을 읽고 암송하는 것, 기도, 교제, 예배, 금식, 재정 나눔, 섬김, 침묵과 홀로 있음, 나의 믿음을 다른 사람들과 나누는 것 등이었다. 그리스도를 닮아가려는 나의 영적 추구 안에는 제자도의 중요성을 알려 주는 신앙 서적들을 탐독하는 일도 포함되어 있었다. 리처드 포스터, 제임스 패커, 존 스토트 같은 저자들의 책이다.

그 책들은 기독교에 대한 이해를 넓혀 주고 그리스도를 내 삶의 중심에 모시는 데 많은 도움을 주었다. 하지만 다른 이들의 필요와 요구를 따라 섬기는 것과 나 자신의 필요와 욕구를 돌아보는 것 사이에서 세심한 균형을 맞추는 것과 같은 건강한 영적 삶의 진리들은 제대로 파악하지 못했다. 오히려 대부분의 에너지를 다른 사람을 돌보며 그들을 성장시키는 일에 모두 써버렸다. 정작 내 영혼은 희생시키면서 말이다.

이런 불균형으로 인한 고통과 분노는 내 안에 켜켜이 쌓이다가 37세 때 처음으로 엄청난 '멈춤'으로 드러나게 되었다. 헌신된 그리스도인으로 산 지 17년이 지나서야 지나친 자기부인으로 내가 기쁨없는 죄의식으로 고통 받고 있다는 것을 알아차리게 된 것이다. 예수님께서는 우리를 초대하셔서 풍성한 만찬을 즐기게 하셨는데 나는 그 잔치를 누리기보다 일하는 종처럼 다른 사람들을 섬긴다는 명분으로 일에만 빠져 있었던 것 같다. 나와 주님과의 관계 역시 그리스도의 사랑에 압도되어 큰 기쁨을 누리기보다는 그분의 수많은 요구에 눌려서 억울함과 쓴맛만 간직한 채 흘러가고 있었다.

나를 돌보지 못한 채 다른 사람들을 우선순위에 둠으로써 나의 정체성은 사라진지 오래였다. 나는 쉬지 않고 어린 네 딸들의 필요와 요구들을 헤아려야 했다. 그리고 머릿속은 온통 남편이 책임져야 할 사역들에 대한 걱정과 교회를 성장시키는 데 도움이 될 만한 것은 무엇일까 라는 생각으로 가득 찼다. 어쩌면 이 모두가 좋은 일일 수 있지만 나의 사랑은 점점 자유롭게 주는 선물이라기보다는 '해야 할 의무'들로 변해가고 있었다. 나에게는 전혀 선택권이 없다고 잘못 생각했던 것이다.

나는 자신의 존엄과 인간으로서의 한계에 대한 이해를 새롭게 하고 나서야 스스로를 사랑의 경계 안에 둘 수 있었다. 그것이 중심이 되어야 다른 이들에게 진실하고 참된 사랑의 선물을 제공할 수 있음도 깨달았다. 우리를 향한 하나님의 사랑처럼, 우리의 사랑도 반드시 자유로워야 한다. 또한 나를 존귀하게 여기고 사랑하는 용량만큼만 다른 이들을 제대로 사랑할 수 있다.

살기 위해 택한 죽음

'멈춤'은 하나님이 아닌 것들에 대해 '죽는 것'을 말한다. 그리스도를 위해 살 때 가장 힘든 일 가운데 하나는 실수하지 않으려는 것이다. 하지만 좋은 소식이 있다. 멈추는 것은 끝이 아니라 새로운 시작이라는 점이다. 성경적 멈춤은 우리 삶에 놓인 새로운 일을 향한, 부활을 향한 하나님의 길이다. 하지만 부활로 이어지는 그 길은 쉽지만은 않다. 내면에서는 멈춤에 대한 두려움이 빚어내는 아우성이 들려온다.

• 사람들이 어떻게 생각할까?

- 이렇게 하는 건 그리스도인 같지 않아. 너무 이기적인 거 같아.
- 내가 모든 걸 망쳐 버릴 것 같아.
- 사람들이 상처를 받을 거야.
- 내 주변의 모든 것들이 무너질 거야.
- 결혼 생활이 위태로워질지도 몰라.

부활하려면 먼저 죽어야 한다. 이는 타협할 수 없는 선행 조건이다. 하지만 우리 안의 모든 것들은 이 죽음과 관련된 고통에 저항한다. 그 결과 우리는 종종 근심을 덜어 주는 단기 전략들을 찾는 것으로 이 두려움에 굴복하고 만다. 안타까운 것은 이것이 대개는 장기적인 고통의 결과로 이어진다는 것이다. 계속해서 이어지는 내적 혼란과 기쁨의 상실, 곪아가는 분노 등이다. 그렇게 되면 참된 성령의 열매들을 맺을 수 없을 뿐 아니라 그 상태에서 옴짝달싹 못하게 된다. 나의 경우 마음이 점점 움츠러져서 사람들을 사랑할 수 없었고 그들을 피할 길만 찾게 되었다.

우리가 참으로 살 수 있는 길은 죽음을 통과함으로써만 가능하다. 이는 말씀에도 잘 표현되어 있다. "누구든지 자기 목숨을 구원하고자 하면 잃을 것이요 누구든지 나와 복음을 위하여 자기 목숨을 잃으면 구원하리라"(막 8:35).

그리고 이것은 내가 가던 길을 멈추었을 때 내 안에 일어난 일이기도 하다. 나는 내 삶을 되찾았다. 나 자신이 달라졌을 뿐 아니라

뒤이어 남편 피터의 삶도 새로워졌고 결혼 생활과 자녀들, 교회는 물론이고 셀 수 없이 많은 변화들이 나타났다.

또한 멈춤은 내 마음을 정화시켰다. 멈추게 되면 숨기고 싶고 피하고 싶은 나 자신에 대한 진실을 받아들이게 된다. 나의 성격, 기질, 결혼 생활, 자녀 양육, 관계들 안에서 모난 부분들과 단점들을 마주하는 것은 몹시도 두려운 일이었다. 게다가 가끔은 산의 한 면에 나를 안전하게 지탱해 주던 로프를 끊어 버리는 것 같은 기분이 들기도 할 것이다. 하지만 하나님은 내 마음을 씻어내고 그분의 자비와 은혜를 더 친밀하게 경험케 하기 위해 종종 자유낙하라는 방법을 사용하셨다. 그렇게 나는 죄를 더 깊이 깨달을수록 나를 향한 뜨겁고도 무엇에도 구애 받지 않는 하나님의 사랑에 점점 더 사로잡히게 되었다.

멈춤으로 인해서 피터와의 결혼 생활에서도 나의 꿈이 이뤄졌다. 시간이 지날수록 우리 관계에서 건강하지 못한 방식들을 하나씩 없애기 시작했고 정서적으로 건강한 방법들을 함께 연습했다. 우리의 결혼 생활은 교회에 대한 그리스도의 사랑을 경험하는 사인(sign)이 되었다. 멈춤은 우리의 모든 나머지 관계들에도 깊은 영향을 끼쳤다. 그것은 자녀들과의 관계는 물론이고 집안 친척들과의 관계를 포함하여 뉴 라이프 펠로십 교회 공동체에까지 자연스럽게 이어졌다.

'멈춤'을 통해 나는 옳은 것에 충성하는 법을 배웠다. '멈춤'(중단)

이 단지 무언가를 그만하는 것이라 생각했다. 하지만, 사실 이것은 잘못된 것을 그만두고 그 대신 옳은 것을 위해 인내하기로 새롭게 헌신하는 것을 의미했다. 나는 다른 이들을 마지못해서가 아니라 진실되게 섬기는 법을 배웠다. 사도 바울은 '멈춤'(중단)의 역설에 대해 다음과 같이 생생하게 묘사한다.

> 그러나 우리가 하나님의 방법대로 살면(중단하는 삶을 살면) 어떤 일이 일어날까요? 과수원에 과일이 풍성히 맺히는 것처럼 하나님께서 우리의 삶에 여러 가지 선물 - 다른 사람들에 대한 호의, 풍성한 삶, 고요함 같은 것들 - 을 풍성히 주실 것입니다. 또한 우리는 끝까지 견디는 마음과 긍휼히 여기는 마음과 사물과 사람들 속에 기본적인 거룩함이 스며들어 있다는 확신을 갖게 될 것입니다. 우리는 충성스럽게 헌신하고 우리가 살아가는 방식을 강요하지 않으며 우리의 에너지를 슬기롭게 모으고 관리할 수 있을 것입니다(갈 5:22-23, 메시지성경).

나는 내 삶의 벼랑 끝에서 내린 '멈춤'을 통해 자유로움이나 열매 같은 것을 얻을 수 있으리라곤 꿈에도 생각지 못했다. 늘 나의 노력을 통해 성령의 열매를 생산해 내려고 애썼다. 하지만 과수원의 열매는 우리가 하나님의 방법대로 살 때 자연스럽게 맺히는 것임을 발견한다. 이는 볼수록 경이로운 것이다. 나는 이 진리를 세상 무엇과도 바꾸지 않을 것이다.

결국 내가 멈추었을 때 발견한 것은 내 삶의 참 목적으로 새롭게 들어서는 길이었다. 그것은 하나님과 성령의 사랑으로 나 자신이 완전히 변화되는 것이며 점차적으로 그 사랑을 다른 이들과 나누는 것이다.

앞으로 여덟 가지 '멈춤'에 대해 이야기하려 한다. 각 장은 독립되어 있으면서 순서에 따라 읽도록 구성되어 있다. 자신의 현재 상황과 가장 들어맞는 장부터 읽기 시작할 수도 있다. 그 장을 다 읽은 후 처음으로 돌아가 그 내용이 보다 큰 그림에서 어떻게 들어맞는지 살펴보길 제안한다.

우리는 단 한 번 만에 '멈춤'의 결정을 내리지 않는다. 따라서 각각의 멈춤은 일생 동안 이어지는 여정이다. 어떤 멈춤은 다른 것에 비해 끝이 안 보이기도 한다. 여러분이 남은 삶 동안 이 새로운 여정을 걸어가도록 돕기 위해서 《정서적으로 건강한 여성》이라는 이 책을 준비했다.

멈춤의 여정을 걸어갈 때 모든 것을 다 이해할 필요가 없다는 것을 알기 바란다. 이 책을 읽을 때 두 가지 제안으로 격려하고 싶다. 먼저는 책을 완독할 수 있도록 소그룹의 사람들을 모으길 바란다. 그렇게 하면 함께 이야기를 나누며 실질적으로 적용할 기회가 될 것이다. 두 번째는 당신이 멈춤이라는 복잡한 과정을 통과할 수 있도록 안내할 현명하고 경륜 있는 멘토를 찾고 의지하길 권한다.

어느 때에 멈출지, 또는 멈추지 말아야 할지 아는 것은 매우 중요한 문제다.

이제 첫 번째 멈춤, '인정 중독에서 자유롭기'에서부터 시작하도록 하자.

Part 2

살기 위해
멈추다

"멈춤은 하나님이
아닌 것들에 대해
죽는 것이다"

Chapter 2

인정 중독에서
자유롭기

"이젠 그만할래요!"

그것은 일종의 선전포고와 같았다.

"우리 교회를 떠나야겠어요. 여기서는 더 이상 생명의 공급을 받을 수 없거든요. 이러다간 제가 죽을 거 같아요. 다른 교회로 갈래요."

지난 몇 개월 동안 난 바로 지금 이 순간을 수없이 그려왔었다.

남편이 교회의 담임목사였기 때문에 이는 결코 쉬운 결정이 아니었다. 물론 수년 동안 나의 불만과 피로감을 알아 달라고, 나에게 관심을 보여 달라고 여러 차례 미약한 시도들을 했다. 그리곤 마침내 커다란 결단을 내렸다.

"그럴 수는 없지!" 피터는 화를 내며 말했다. "말도 안 돼. 그런 터무니없는 소리 하지 말아요." 난 남편의 화에 굴복하지 않으리라 결심하며 침묵을 지키고 있었다.

"아이들은 어떻게 하려고? 애들은 어느 교회로 간단 말이요? 너무 비현실적이지 않소? 잘 들어봐요. 일 년만 지나면 모든 게 괜찮아질 거요."

나의 결정이 얼마나 잘못된 것인지 이유들을 설명하며 그의 불안도 점점 더 커져갔다. "하나님은? 그분은 이 일에 우리 두 사람을 함께 부르셨잖소. 그분이 하시는 모든 좋은 것들을 살펴봐요. 사람들의 삶이 변화되고 있잖소!"

그의 말에 누가 항변할 수 있을까? 피터는 결혼 초기부터 항상 하나님이란 카드를 꺼내들곤 했다. 수년 동안 나는 피터에게 무시당한다고 느꼈지만 더 이상 신경 쓰지 않았다. 결국 최악의 사태가 벌어진 것이다. 피터가 자신의 시간과 열정의 대부분을 교회에 쏟을수록 나는 내 처지가 마치 어린 네 딸들을 홀로 양육하는 싱글 맘처럼 느껴졌다.

난 불과 몇 달 전 피터에게 이런 말을 했었다. "만약 우리가 갈

라선다면 내 삶이 좀 더 수월해질 것 같아요. 왜냐하면 그땐 적어도 주말만큼은 당신이 애들을 보살펴야 할테니까요. 그럼 아마 내게도 숨 돌릴 틈이 생기겠죠?"

그 말은 진심이었지만 남편에겐 일종의 협박이자 실현 불가능한 일일 뿐이었다. 사실 다른 사람들이 내게 원하고 기대하는 요구들이 너무나 커서 나 자신을 옹호할 수조차 없었다.

오랜 시간 헌신된 그리스도인으로 살아 왔지만 나의 주된 정체성은 나를 향한 하나님의 사랑이 아닌 나에 대한 다른 사람들의 생각에 기반하고 있었다. 이것이 내 삶의 모든 영역, 곧 결혼 생활, 자녀 양육, 친구 관계, 리더십은 물론 내 소망과 꿈에까지 부정적인 영향을 끼치고 있었다.

하지만 이제는 다른 사람들이 뭐라 생각하고 말할지 두려워하는 마음조차 상실되고 말았다. 더 이상 잃을 게 없었다. 내 모든 것을 다 준 탓에 이제는 내가 누구였는지조차 인식할 수 없을 정도였다. 톡톡 튀고, 외향적이고, 재미있고, 적극적이던 제리(나)는 어디론가 사라지고 없었다. 이제 남은 건 침울하고 우울하고 지치고 화가난 내 모습뿐이었다.

교회는 성장하고 있었고 성도들의 삶에는 놀라운 일들이 벌어지고 있었다. 하지만 거기에는 더 이상 지불하고 싶지 않은 너무도 비싼 대가가 뒤따랐다. 내 영혼을 잃는 비용을 치르면서까지 그리스도를 위해 온 세상을 얻는 데는 심각하게 잘못된 무언가가 있었다.

나는 피터에게 불행한 내 처지에 대해 불평했고 나의 고통을 그의 탓으로 돌렸다. 설상가상으로 이 모든 것들에 대해 죄책감과 함께 부끄러움을 느꼈다. 어쨌든 좋은 사모라면 남편에게 협조적이고 만족하는 사람이어야 하지 않는가?

그럼에도 불구하고 나 자신이 너무 비참해서 누가 뭐라 생각하든 신경 쓰고 싶지 않은 데까지 이르렀다. 사람들이 나를 '나쁜 사모' 혹은 '나쁜 그리스도인'으로 보든 말든 더 이상 신경 쓰지 않게 되었다.

난 교회를 떠나고 싶었다. 더 이상 잃을 게 없는 사람들이야말로 세상에서 가장 강한 사람이 된다는 말이 있다. 이제 난 그런 사람이었다.

그 다음 주부터 다른 교회 예배에 참석하기 시작했다. 당시에는 몹시도 슬펐고 수치스러웠다. 그리고 실제로 행동을 취하는 데는 많은 시간이 필요했다. 다른 사람들이 뭐라 생각할 지 두려워서 수 년 동안 얼어붙은 채 있었다.

교회를 나온 것은 그리스도 안에 있는 진정한 자유를 향해 내딛은 작은 발걸음에 불과했다. 내가 깨닫게 된 것은 나의 궁극적인 문제가 교회나 피터, 뉴욕 시의 혼잡, 심지어 우리 아이들도 아니었다는 것이다.

가장 큰 문제는 바로 나였다. 이것이 내가 마주한 냉엄한 진실이었다. 내 안에는 변화를 요하는 어마어마한 일들이 들어 있었다.

사람들로부터 듣고 싶었던 말

피터와 나는 부지불식간에 정서적으로 샴쌍둥이가 되어 있었다. 우리는 건강하지 않은 방법에는 일심동체가 되었다. 나는 피터가 나처럼 생각하고 느끼길 바랐고, 피터 역시 내가 자신처럼 느끼고 생각하기 원했다. 피터는 교회 개척에 대해 자신이 가진 열정과 고뇌를 나도 느껴야 한다고 생각했다.

나 역시 우리 삶의 여러 어려움(과도한 업무, 풍족하지 않은 재정, 휴식 없음, 까다로운 사람들)과 그로 인한 고충들을 피터가 느껴야 한다고 생각했다. 우리는 또한 서로의 슬픔과 분노, 염려들에 책임감을 느껴야 한다는 것에 마음을 함께했다.

그 결과 서로의 감정에 대해 축소하고 비난하고 부인하며 서로 방어적이 되었다. 각각의 감정적 세계를 분리시킬 극단적인 수술이 필요했다. 우리는 진정한 연결과 하나 됨을 향유할 만큼 충분히 독립되어 있지 않았다.

우리의 정서적인 표현이 변화될 때 일어나게 될 부정적인 결과들도 두려웠다. 피터는 어느 면으로 좋은 사람이지만, 나는 여전히 그의 탐탁지 않은 태도가 두려웠다. 내 정체성의 가장 약한 부분이 바로 남편이기 때문이었다. 피터가 화난 표정이라도 지을 때면 내가 잘못된 것이 틀림없다고 느꼈다. 이처럼 피터의 생각이나 내 문제에 대한 다른 누군가의 생각, 또는 나를 탐탁스럽지 않게 여기는 생각이 느껴질 때면 죽고 싶을 만큼 나락으로 떨어졌다.

하지만 이보다 더 중요한 한 가지는 분명했다. 내가 이미 죽어가고 있다는 사실이었다. 숨을 쉴 수조차 없었다. 결혼 후 처음 9년 동안 대부분 피터의 결정에 따르고, 거기에 나를 맞추며 살았다. 결혼 후 대학에 빨리 돌아가고 싶은 바람도 버렸다. 이미 과부화가 걸린 피터의 스케줄과 충돌했기 때문이다. 나는 결혼 생활에서 긴장을 일으킬 만한 이야기나 주제, 뜨거운 쟁점 등은 고의적으로 피했다. 불편한 상황을 견딜 수 없었고 피터의 뾰로통한 표정을 보기 힘들었기 때문이다. 이에 더해 나에게 화를 내는 상황은 더더욱 참을 수 없었다.

내가 무엇을 해야 할까? 내가 만약 나 자신이 되기로 했다면 그가 행복했을까? 나는 곧 이 문제가 단순히 피터와 나의 관계보다 훨씬 더 깊고 넓은 것임을 알게 되었다. '자기희생'이라는 건강하지 않은 패턴과 무조건적인 수용은 내 삶의 모든 영역 - 친구 관계, 교회, 자녀 양육, 원가족(family of origin) - 에까지 흘러넘쳤다. 대부분의 사람들처럼 나 역시 사람들이 말로 표현하든 표정으로 말하든, 괜찮은 사람이라고 말해 주는 것을 즐겼다. 이것은 좋은 것이고, 나는 피터나 다른 사람들의 지지와 용납을 받는 것이 좋았다.

하지만 사람들로부터의 인정이 반드시 있어야 할 무엇이 되기 시작했을 때 문제가 생겼다. 슬프게도 나는 그것이 필요했다. 나 자신에 대해 좋은 감정을 느끼기 위해 사람들의 인정이 반드시 필요했던 것이다. 다른 말로 다른 사람들이 나에 대해 오케이라고 느낄 때만 나도 내 자신에 대해 괜찮았다.

환상 속에 살던 나

　다른 사람들의 인정에 의지하여 자신이 가치 있는 존재임을 인지하는 것은 성경적 진리와 정확하게 반대되는 개념이다. 우리가 괜찮은 사람이라는 것, 다시 말해 사랑스럽고 충분히 좋은 사람이라는 감각은 궁극적으로 사람들에게서가 아니라 다음 두 가지 진리에 기초하여 나와야 한다.

　첫째, 우리는 하나님의 형상으로 지어졌다. 하나님의 형상으로 지어졌다는 것은 우리가 본질적으로 가치 있는 존재라는 것을 의미한다. 우리는 신성한 보물들이고 우리가 무슨 일을 하든 상관없이 인간으로서 엄청나게 소중한 존재들이다.

　둘째, 우리는 그리스도 안에서 새로운 정체성을 가진다. 그리스도와 교제를 맺을 때 그분 안에서 새로운 정체성을 발견한다. 이제 우리는 죄도 흠도 없으신 예수님을 의지하여 하나님과 관계를 맺는다. 우리는 예수님 때문에 사랑스럽고 괜찮은 존재가 되었고, 충분히 좋은 사람들이 되었다. 뭔가 다른 것으로 나 자신을 증명해야 할 필요가 전혀 없다.

수년 동안 로마서와 갈라디아서로 성경 공부를 하면서 그리스도의 의가 내 존재의 기반이 된다는 것을 묵상했다. 이와 관련된 주요 성경 말씀도 암송했다. 그럼에도 불구하고 내 정체성의 상당한 부분은 나를 향한 그리스도의 사랑이라는 진리에 감동되지 못한 채 남아 있었다. 내 일상의 현실에서는 그리스도가 아닌 다른 사람들이 나를 어떻게 여기느냐에 따라 내 존재의 사랑스러움이 규정되었다. 사람들이 나를 훌륭한 그리스도인으로, 좋은 사람으로 생각해 주기를 바랐다. 그 결과 종종 스스로가 비참해져 있을 때도 '아니오'라고 말하지 못하고 '네'라고 말하고 있는 나를 발견하게 되었다.

다른 이들의 생각과 평가에서 벗어나려고 몸부림쳤던 사도 바울이 이해가 되었다. 예수님께서 잡히신 후 열두 제자들은 그분을 버리고 도망쳤지만 베드로는 예수님의 공판이 열리는 대제사장의 집 뜰까지 그분을 따라갔다. 그곳에 있던 많은 사람들이 베드로가 같은 무리임을 알아봤지만 그는 세 번씩이나 예수님을 알지 못한다고 부인했다. 사람들의 반감에 대한 그의 두려움은 자신이 알고 있던 것과 지적으로는 진리라고 믿고 있던 것을 버리게 했다. 베드로는 예수님을 메시아로 고백한 전적이 있지만 그럼에도 이 확신은 사람들의 거절이나 반감에 저항할 만큼 충분히 깊지 않았다(마 26:31-75).

마찬가지로 예수님 안의 내 정체성도 내가 그렸던 것만큼 믿음에 닻을 내리고 있지 못했다. 수년 동안 결혼 생활과 교회 생활 때문에 눈에 띌 정도로 고통 받고 있었지만 이 시스템을 변경하는 데 대한 두려움이 컸다. 베드로처럼 나 역시 거부감과 반감에 저항할 힘이 없었다. 결론적으로 내가 알게 된 것은 건강하게 변화하는 데 가장 큰 장애물은 다른 사람들이 나에 대해 어떻게 생각할까 하는 두려움이었다.

이 충격적 사실이 내 마음 깊숙한 곳을 움직였다. 베드로처럼 나 역시 환상 속에서 살고 있었다. 난 예수님을 그리스도와 나의 주로 믿었다. 어느 정도는 하나님의 사랑을 누리고도 있었다. 하지만 다른 사람들의 생각에 위축되거나 두려워하지 않을 만큼 자유롭지는 않았다. 하나님의 사랑이 충분히 내 안에 스며들지 못했던 것이다.

트랙을 벗어났던 성경의 위인들

우리는 '인정의 중독'이라는 문제에 대해서는 혼자가 아니다. 성경에는 다른 사람들의 인정을 추구하다가 곁길로 갔던 사람들의 예가 가득하다.

아브라함은 안전에 대한 두려움 때문에 거짓말을 했다. 그는 애굽 왕이 사라가 자신의 아내라는 것을 알게 될까 봐 두려워했다(창 12:10-20; 20:1-18).

야곱은 다른 사람들이 어떻게 생각할지 두려움 속에서 살았다. 그는 리브가의 거짓말에 맞서기보다 어머니와 함께 아버지를 속이는

데 동조했다(창 27장).

르우벤은 구덩이에 던져진 요셉을 나중에 건져 주려 했지만 결국 나머지 형제들의 압력에 굴복한다. 막내 요셉의 유일한 변호자로 남는 데 대해 다른 형제들이 어떻게 생각할지 불안을 느끼고 요셉을 노예로 팔아넘기는 끔찍한 범죄에 동참하고 만다(창 37:12-36).

아론 역시 40일이 지나도 시내산에서 내려오지 않는 모세를 기다리다 지친 회중들에게 동조한다. 사람들은 눈으로 볼 수 있고 만질 수 있는 신을 요구했고 아론은 마침내 그들의 압력에 굴복해 백성들의 불안을 달래 줄 금송아지 상을 만들었다(출 32장).

두려움이 많고 주변 사람들에게 굴복하는 성향을 가진 디모데로 인해 에베소교회는 거짓 교사들에게 넘어갈 뻔했다(딤전 1장).

이 모든 상황에서 알 수 있듯이 하나님이 아닌 다른 사람들의 인정과 확인을 추구하게 될 때의 결과들은 처참하다. 그들 자신뿐 아니라 하나님과의 관계, 그들이 사랑했던 사람들에게까지 말이다. 우리도 마찬가지다.

트랙을 벗어난 현대의 그리스도인들

많은 사람들은 그리스도가 삶을 변화시켰다고 말한다. 하지만 정말 삶이 변화되었는가? 그렇다면 얼마나 깊이 바뀌었는가? 현실의 시나리오에 맞춰 다음의 장면들을 떠올려 보자.

당신이 여섯 명의 사람들과 함께 점심을 먹으러 나갔다고 가정해 보자. 비록 재정적으로 쪼들리고 있는 상황이지만 이들을 정말 좋아하기 때문에 함께 시간을 보내고 싶다. 그래서 주머니 사정에 맞춰 6달러 안에서 샐러드와 물을 주문한다. 반면 다른 사람들은 전채 요리를 포함하여 메인 요리와 음료, 디저트까지 주문한다. 그런데 종업원이 한 장의 영수증을 들고 오는 것을 보고는 심기가 불편해지기 시작한다.

당신은 마음속으로 조용히 제발 똑같이 나누는 일은 없기를 기도한다. "이 사람들이 그러자고 할 정도로 생각이 없지는 않을 거야"라고 중얼거리며 스스로를 위안한다. 식사하고 교제를 한 지 두 시간 정도 지났을까, 누군가가 큰 소리로 제안한다. "그냥 편하게 식사비를 똑같이 나눠 내는 게 어때요? 팁까지 포함해서 한 명당 25달러 정도 내면 될 거 같은데…."

"그러는 게 좋겠네요." 다들 동의하는 것 같다.

"그럼 인당 25달러씩 냅시다." 이 말에 당신은 얼굴이 상기된 채 고민에 빠진다. '그 정도로 많이 내고 싶진 않은데, 나만 안 낸다고 할 수도 없고 어쩌지?' 마음속이 불편해 죽을 지경이지만 이 화기애애한 분위기를 망치고 싶지 않아서 당신은 아무 말도 하지 못한다. 게다가 자신이 값싸게 보이는 것은 더욱 싫다. 결국 25달러를 내고 후회가 밀려온다. 그리고 다시는 이러지 않겠다고 맹세한다. 한 달 후 같은 이들로부터 점심 식사 초대를 받지만 선약이 있다고 둘러대며 거절하고 만다.

또 다른 예를 살펴보자. 조이스는 오랫동안 성경공부 리더로 섬겨왔고 교회 내에서 여러 사람의 본이 되고 있다. 그녀는 친구로부터 추천받은 미용사에게 머리 손질을 한번 맡겨 보기로 한다. 하지만 자리에 앉아 거울에 비친 자신의 모습을 지켜보면서 불안감이 스멀스멀 올라온다. 속으로 이런 생각이 든다. '오, 안 돼! 이런 스타일은 싫어! 이건 정말 아니야.'

마음에서는 경고음이 울리고 있었지만 조이스는 미용사에게 아무 말도 하지 못한다. 겉으로는 미소를 지으며 간간이 대화를 나눈다. 이 고문이 어서 빨리 끝나서 해결책을 찾게 되기를 간절히 기도하면서 말이다.

머리 손질이 끝났을 때 조이스는 올라오는 화를 간신히 참았다. 그럼에도 다른 손님들 앞에서는 아낌없이 감사의 인사를 전했다. 사실 미용사에게 화가 난 것이 미안해서 팁을 두 배나 주고 나온다.

가끔씩 우리는 다른 사람들이 우리에 대해 괜찮다고 말해 주기를 간절히 바란다. 그것은 정말 미묘하고 워낙 만연한 것이어서 그런 마음이 우리 안에 있다는 것을 알아차리는 것만으로도 깜짝 놀라고 받아들이기 어려울 수 있다.

다른 몇 가지 시나리오들도 살펴보자.

- 친구의 말에 상처를 입었지만 그것을 표현하면 예민하고 짜증스런 사람이라 여길까 봐 아무 말도 하지 못한다.
- 내 차를 수리한 정비사가 처음 말했던 금액보다 거의 두 배나 되는 돈을 청구했지만 바쁜 사람을 붙잡고 해명을 요구하기 싫어서 왜 그런지 설명해 달라고 요청하지 못한다.
- 친구들과 함께 영화를 보러 나갔는데 자신만 빼고 모두가 보고 싶어 하는 영화가 같았다. 나는 보고 싶지 않지만 친구들 사이에서 까다롭고 비협조적인 사람으로 비쳐지는 게 싫어서 아무 말도 못한 채 따라가고 만다.
- 1백 킬로미터나 떨어진 곳에서 숙모의 은퇴 파티가 있다. 가족들은 내가 그곳에 참석하기를 바라고 있다. 마음속으로는 참석하고 싶지 않은데 반대에 맞서는 것이 싫어서 그냥 간다.
- 어떻게 끝내야 할지 몰라서 찜찜한 관계를 이어가고 있는 데이트 상대가 있다. 나는 이 관계를 알고 있는 친구들이 어떻게 생각하고 말할지 두렵다. "그 남자한테 뭐가 문제가 있는 거야? 또 깨진 거야? 저 사람은 영원히 싱글로 있으려나 봐."
- 이웃들과 놀러 갔는데 네 살짜리 우리 아이가 잘못된 행동을 한다. 그래도 아이를 야단치지 못한 채 내버려둔다. 아이에게 화를 내는 모습을 이웃들이 보고 놀랄까 봐 두렵기 때문이다.
- 일도 못하고 나머지 팀원들에게 방해가 되는 종업원이 있다. 계속해서 그에게 변화가 필요함을 말했으나 그는 여전히 알아

듣지 못한다. 그럼에도 감독자인 나 때문에 그가 해고되었다
는 생각을 할까 봐 견딜 수가 없다. 그래서 그를 해고하는 대
신 그를 커버해 줄 다른 사람을 채용한다. 마음의 분노만 계속
해서 쌓여간다.

- 상사가 성적 희롱에 해당되는, 적절하지 않은 언어를 쓴다. 하
  지만 그가 나를 '내숭만 떠는 반항아'로 생각할까 봐 아무 말도
  하지 못한다.

- 배우자의 반대 때문에 10년 이상 똑같은 헤어스타일을 유지한
  채 바꾸지 못하고 있다. 그러면서도 그것을 유지하느라 들인
  시간과 노력이 억울하다. 게다가 마음속으로는 간절히 변화를
  원하고 있다.

- 배우자에게 성생활에 대해 말해보고 싶지만 이야기를 꺼내는
  게 두렵다. 상대방이 어떻게 반응할지 확신이 서지 않기 때문
  이다.

앞으로 며칠 동안 자신에게 관심을 기울여 보라. 다른 사람들과
어떻게 상호작용하는지 관찰해 보라. 다른 사람들의 반감을 피하거
나 그들에게 인정을 받기 위해 말이나 행동을 얼마나 자주 바꾸는지
찬찬히 살펴보라. 이처럼 자기 행동을 상황에 따라 슬쩍슬쩍 바꾸는
일은 종종 미묘하면서도 무의식적으로 일어난다. 따라서 늘 깨어 살
펴야 한다.

자신을 사랑할 이유

오늘날 많은 그리스도인들이 하나님을 사랑한다고 선포한다. 하지만 이것은 자신에 대한 생각과 느낌이 변화되는 경험적인 실재가 되지 못하고 지적인 믿음에 머물고 만다. 그 결과 계속해서 파괴적인 방법으로 다른 사람들의 사랑을 구하게 된다. 12세기 위대한 기독교 지도자였던 베르나르 클레르보(Bernard of Clairvaux)는 하나님의 사랑이 어떻게 자신에 대한 사랑으로 연결되는지 다음과 같이 말하고 있다. 그는 이것을 네 단계의 사랑이라고 지칭했다.[1]

- 자신의 유익을 위해 자신을 사랑하는 단계: 우리는 지옥에 가지 않고 천국에 가기 원한다. 그래서 교회에 참석하고 기도하고 십일조를 내는 등의 옳은 일을 한다. 지옥이라는 위협이 없어지면 우리의 영적 삶은 급격히 사그라들고 만다.
- 자신의 상급이나 축복을 위해 하나님을 사랑하는 단계: 우리 삶에서 모든 일들이 잘되고 있는 한 하나님을 사랑한다. 시험이 오고 일에 차질이 생기면 곧 실망하여 하나님으로부터 돌아선다.
- 하나님만으로 하나님을 사랑하는 단계: 이 단계에서는 하나님에 대한 사랑이 우리의 감정이나 환경에 기반하지 않는다. 우리는 뭔가를 얻기 위해서가 아니라 하나님의 하나님 되심과

그분의 아름다움을 사랑하고 신뢰한다. 그래서 우리가 당하는 고통과 장애물을 하나님에 대한 믿음과 사랑을 견고케 하시려는 그분의 선물로 바라보게 된다.

- 하나님을 위해 자신을 사랑하는 단계: 가장 높은 네 번째 단계는 그리스도의 사랑의 넓이와 길이와 높이와 깊이가 인간의 지식을 뛰어넘는 단계다. 그 사랑은 이제 우리 존재의 깊은 곳까지 뚫고 들어가 다른 사람들로부터 사랑을 갈구하지 않아도 되는 상태가 된다.

복음은 우리에게 자유를 준다. 그래서 우리가 예수 그리스도를 통한 하나님 사랑의 빛 안에 있다는 것을 깨닫게 해준다. 우리는 존귀하며 의미를 지닌 존재들이다. 그것은 무엇을 하기 때문도, 다른 사람들이 그렇게 말해서도 아니다. 하나님이 우리를 사랑하시므로 충분히 '사랑받을 만한' 존재들이다. 하나님의 온전한 사랑은 다른 사람들이 뭐라 생각할까 하는 두려움을 물리친다. 그 사랑은 시편 기자가 고백한 대로 '생명보다 나은 것'이다(시 63:3).

인정을 위해 살아서는 안 되는 네 가지 이유

다른 사람들의 인정을 추구하는 이 문제를 돌파하지 못하면 우리의 성장 또한 심각하게 저해될 수 있다. 다시 말해 영적 성인으로 자랄 수 없는 것이다. 그렇게 되면 하나님이 주신 아름다운 미래와 우리 사이를 가로막는 벽이 세워지게 된다. 타인들이 우리를 괜찮다고 하면 그것을 근거로 자신이 괜찮은 사람이라는 가짜 위로에 만족한다.

'평지풍파'를 즐기는 사람은 많지 않다. 대부분의 사람들은 안전하게 가는 것을 좋아한다. 우리 처치를 변화시키는 것은 다른 사람들을 놀라게 할 수도 있고 자칫 대처할 수 없는 곤경이 따라올 수도 있다. 그것은 자신의 직업이나 우정, 또는 배우자를 잃을까 두려워하는 마음에서부터 사랑하는 사람들의 존경을 잃게 될지도 모른다는 두려움에 이르기까지 광범위하다.

그 변화가 너무 엄청나게 보일 때 하나님은 종종 당신의 초월적인 능력에 우리의 마음을 열 수 있도록 고통이라는 도구를 사용하신다. 부자 청년이 예수님께서 제안하신 급진적인 삶의 변화를 감당하지 못하고 근심하며 갔을 때 제자들은 몹시 놀랐다. 그런 변화가 과연 진짜 가능한 것인지 궁금해 하며 주님께 묻는다. "그렇다면 누가 구원을 얻을 수 있겠습니까?"

이에 예수님은 다음과 같이 대답하신다. "사람으로는 할 수 없으나 하나님으로서는 다 하실 수 있느니라"(마 19:25-26).

변화는 힘든 것이다. 그리고 그것은 종종 우리의 결혼 생활과 교회, 우정, 가족, 직장이라는 시스템에 방해가 되거나 지장을 준다.

하지만 사람들의 인정에 대해서 온전히 죽으셨던 주님이 우리의 본이 되어 주신다. 죽음은 자유와 기쁨, 사랑이라는 부활의 삶이 주는 열매를 경험하기 위해서 반드시 필요한 것이었다. 이 첫 번째 멈춤을 위해 요구되는 이런 종류의 거대한 변화를 기피하는 것이 오히려 이상하지 않은가?

전형적으로 사람들이 마침내 "더 이상은 안 되겠어!'라고 말하게 되는 네 가지 공통적인 동기들이 있다.[2] 이에 대해 하나씩 읽으면서 자신의 삶과 비슷한 상황이나 관계들이 있는지 생각해 보자.

진실성을 잃게 된다

믿고 있는 것과 실제의 삶이 더 이상 일치하지 않을 때 진실성을 잃게 된다. 자신이 굳게 붙잡았던 가치들을 무시하게 되고, 내면에서 일어나는 일과 다른 사람들에게 표현하는 것 사이에 벽이 존재하게 된다. '무대 위' 사람들 앞에 섰을 때의 모습과 '무대 밖' 혼자 있을 때의 모습이 판이하게 다르다.

예를 들어, 직장에서 일자리를 잃을지 모른다는 두려움 때문에 했던 상사를 감싸는 거짓말을 더 이상 할 수 없다. 그래서 결국 해고될 각오를 하고 진실을 말한다.

어쩌면 부모님이 당신에게 간절히 원했던 어떤 직업이 있었을 수도 있다. 그분들은 당신을 특정 학교에 보내기 위해 본인들의 꿈도 희생했다. 그런 부모님께 다른 일을 하고 싶다고 말하는 것은 상상도 못할 일이다. 모든 것을 희생하여 당신 하나만 바라본 경우라면 더욱 그렇다. 당신은 마침내 내면의 뭔가가 죽어가고 있음을 깨닫게 된다. 그리고 자신의 열정과 갈망에 대해 공손하게 말해야 할 필요를 느끼게 된다.

우리는 이와 비슷한 가장 드라마틱한 이야기를 신약성경에서 보게 된다. 베드로가 처음 예루살렘에서 안디옥에 도착했을 때 그는 할례를 받지 않은 이방인 그리스도인들로부터 환대를 받으며 함께 식사를 하고 있었다. 잠시 후 예루살렘으로부터 유대인이라 주장하는 한 무리가 이르러 이방인들과 함께해서는 안 된다며 베드로를 설득시켰다. 그들은 부정한 이방인들과 함께 먹는 것이 하나님의 뜻에 위배되는 일이라 주장했다.

사도 바울은 이 일을 알고 베드로의 위선에 대해 공개적으로 맞섰다[3](갈 2:11-14). 바울은 사람들로부터 비방을 들을 수도, 오해를 살 수도, 자신의 입지나 명성, 장래가 곤경에 처해질 수도 있는 위험을 무릅썼다. 만약 바울이 침묵하기로 선택했다면 복음의 진리에 대한 자신의 진실성에 위배되었을 것이다.

성경은 베드로가 예루살렘에서 온 '할례자들을 두려워하였다'라고 기록한다(갈 2:12). 그는 그들의 반감을 사게 될까 봐 두려웠다. 이 이야기에서 당신은 어느 쪽에 가까운가? 당신도 베드로처럼 다른 사람들의 인정을 갈구하며 자신의 가치관과 모순된 행동을 하고 있는가? 아니면 바울처럼 그리스도의 사랑에 닻을 내린 자신의 정체성을 따라 다른 사람들의 반감을 뚫고 참되고 바른 것을 행하는가?

사랑하는 것들이 위태로워진다

지금 이대로 계속 가다간 자신에게 소중한 누군가나 무언가를 잃게 될 것이라는 것을 깨닫게 된다. 그것은 배우자일 수도 있고 가족이나 직업, 장래, 또는 자기 자신일 수도 있다. 변화를 시도하는 것이 두려울 수 있지만 지금 이 자리에 머무르는 것은 더 끔찍하다.

어쩌면 남편이 포르노그래피에 중독되었을 수도 있다. 그를 사랑하지만 그는 도움의 손길을 잡으려고 하지 않는다. 이제까지 아무것도 하지 않은 것의 대가는 너무 커져 버렸다. 갈등을 만들지 않으려는 마음 때문에 당신이 그토록 지키고 싶었던 바로 그 결혼 생활에 엄청난 구멍이 뚫린 것을 보기 시작한 것이다. 결국 당신은 "더 이상은 안 되겠어"라고 말하며 성숙한 친구나 전문적인 상담사를 찾아 가능한 다음 단계를 모색하기 시작한다.

우리 교회에 다니고 있는 존은 지나치게 많은 일을 한다. 그의 상사는 고압적인 데다 의욕까지 넘쳐서 일주일 중 6일 출근을 요구한다. 심지어 일요일에도 전화를 걸기 일쑤다. 그래서 가족들과 함께 보내는 주일의 그 소중한 몇 시간도 종종 방해를 받곤 한다. 가족들에게 가져다주는 월급은 많지만 존이 상사와의 선을 분명히 긋지 못한 것 때문에 가족들의 원망은 점점 더 커져만 갔다. 아내 제인은 늘 우울했으며, 네 살에서 열한 살에 걸친 네 명의 아이들을 양육하는 일도 점점 더 버거웠다. 존은 아내와 가족들이 자신으로부터 점점 멀어지고 있음을 느끼기 시작했다.

내면의 혼돈을 곰곰이 생각하기 위해 존은 매일 밤마다 술을 마시기 시작했다. 이런 상황이 몇 개월 더 흐른 후 존은 마침내 더 이상 물러날 수 없는 최악의 상황에 다다르게 된다. 마침내 그는 결론을 내린다. "만약 내가 상사의 인정을 포기하지 않는다면 결국 내 영혼과 가족들까지 잃게 될 거야."

그는 자신이 무엇을 해야 할지 알았다. 이제 존은 상사에게 자신의 주장을 피력하고 그 결과에 담담히 마주할 준비가 되었다.

고통이 너무 커서 변하지 않을 수 없다

우리 가운데 어떤 이들은 고통을 참아내는 인내심이 어마어마하다. 그것은 결국 엄청난 폭발로 이어진다. 지인 가운데 젊고 매력적이면서 교육 수준도 높은 여성이 한 명 있다. 그녀는 어린 시절 가족 간의 영향으로 곧잘 남녀 관계에서 학대에 빠지곤 했다. 결국 그 고통이 너무 커지자 그녀는 관계를 완전히 정리한 후 그리스도의 사랑을 받아들이기 시작했다. 그녀의 정체성은 새롭게 형성되었고 그리스도가 하시듯 자신을 존귀하게 여길 수 있었다.

우리에게 잘 알려진 교육가이자 작가인 파커 팔머(Parker Palmer)는 사람들이 극심한 우울증을 겪는 이유가 자신의 삶이 아닌 다른 누군가의 삶을 살려는 데서 기인한다고 묘사한다. 이 고통과 고뇌는 우리로 하여금 다른 사람들의 인정이라는 폭정으로부터 도망쳐 나와 자신의 고유함을 따르는 삶, 곧 하나님이 우리에게 주신 길을 가게 한다.[4] 심각한 심장마비의 위험에서 벗어나려고 변화의 발걸음을 내디딘 사람이라면 의사의 충고를 받아들여야 한다. 그래서 스트레스로 가득한 그의 삶에서 한참 전에 행했어야 할 어떤 변화를 만들어 내야 한다.

어쩌면 수년 동안 자신의 일을 싫어했을 수도 있다. 하루 종일 컴퓨터만 들여다보는 데서 오는 지루함과 새로운 도전이 결여된 생활이 당신을 죽이고 있는지도 모르겠다. 당신은 자신이 사업을 할 기술을 가지고 있는 건지, 또는 경제가 또 다른 침체기를 겪지는 않을지 의문스럽다. 실업자가 될 수도 있다는 두려움이 있지만 이대로 있다간 더 이상 답이 나오지 않을 것 같다. 그래서 결심한다. "불확실한 세계에 직면하는 것이 지금 이 상황보다 더 나쁘진 않을 거야."

달라지지 않을 거라는 두려움

우리는 자신의 상황이 변화되고 있다는 생각에 쉽게 압도될 수 있다. 하지만 변화의 위험을 무릅쓰는 대신 어떤 환경에 그대로 머문 채 1년, 5년, 10년, 30년 이상 있는 것은 더 끔찍한 일이다. 종종 이런 생각을 하면 가던 길에서 벗어나라는 하나님의 메시지가 더욱 명확해 진다. 현재의 삶에 계속 머무는 것이 변화하는 것보다 더욱 두렵고 무섭게 느껴진다.

만약 자신이 고등학교 영어 선생님이라고 가정해 보자. 영어를 좋아하긴 하지만 십대들을 가르치는 일이 어려울 수도 있다. 마치 자신이 제일 싫어하는 줄다리기와 같게 느껴질 것이다. 그래서 평생 동안 이 일을 해야 한다는 것이 싫어서 경제적인 안정감과 이제껏 쌓아 온 경력을 버리기로 마음먹는다. 그리고 자신의 재능과 열정에 조금 더 맞을 것 같은 가능성을 찾아보기로 한다.

어쩌면 당신은 아무런 진전도 없는 관계를 지리하게 끌어가고 있는 싱글일 수도 있다. 지금으로부터 10년 후 자신의 삶을 그려보니 혼자된다는 두려움보다 이 사람과 똑같은 곳에서 이대로 갇혀 있는 것이 더 겁이 난다. 현실을 직시하고 나니 그것이 주는 충격 때문에 마침내 이 관계를 끝내기로 결심한다.

또는 감당하기 어려운 빚 때문에 파산할지도 모른다는 두려움에 잡혀 있을 수도 있다. 미래를 향한 선택은 제한되어 있고 상황은 절망적이다. 빚 때문에 인생이 망할 것 같은 두려움이 점점 커져서 라이프스타일을 완전히 바꾸는 데 대한 두려움을 압도하게 된다. 결국 당신은 심도 깊게 예산을 짜고 그에 맞춰 자신의 소비 패턴을 획기적으로 바꾸기 시작한다.

나의 경우 결국 이런 두려움들은 내가 처한 현재의 상황을 바꾸는 데 큰 기여를 한 요소들이 되었다. 교회와 나의 결혼 생활이 앞으로도 절대 바뀌지 않으면 어쩌지 하는 두려움이 너무 커져서 교회를 관두는 것에 대한 두려움을 압도했다. 결국 그로 인해 다른 사람들의 불쾌감을 의식하지 않게 된 것이다. 기꺼이 참고 견디려는 면에서는 바닥을 찍은 것이다. 앞으로 20년 후에도 내 삶이 이 꼴로 남아 있을 것이라는 공포 때문에 나는 결국 바뀌기로 마음먹었다. "더 이상은 안 돼!"[5]

건강한 본보기

성인이 될 때까지 우리는 가족들이나 문화, 심지어 교회로부터 수많은 메시지들(언어적이든 비언어적이든)을 듣고 그것을 자신 안에 축적한다. 그것은 우리가 무엇을 해야 할지, 무엇이 되어야 할지, 무엇을 생각할지에 관한 것이다.

또한 사랑받고 용납 받고 인정받는 느낌들에 대해서도 알려 준다. 이런 연유로 다른 사람들의 시선이나 생각을 더 이상 두려워하지 않기로 결정하는 일은 한 번에 끝나는 일이 아니라 계속해서 이어져야 할 영적 훈련이다. 하나님의 사랑을 벗어난 가짜 인정을 향한 뒤틀린 갈망은 우리가 인식하고 있는 것보다 훨씬 깊고 광범위하다. 그렇지만 예수님께서는 우리가 지속적인 변화와 자유를 경험할 수 있도록 십자가에서 죽으시고 부활하셔서 성령의 선물을 주셨다.

요한복음 12장에 나오는 마리아의 이야기는 우리가 다른 사람들의 생각이나 시선이 아닌 그리스도의 사랑 안에 자기 정체성에 기반을 둔다는 것이 무엇을 의미하는지 잘 보여 준다. 마리아는 사람들이 보는 앞에서 자신의 머리를 풀고 마치 이방 노예처럼 겸손히 예수님의 발을 씻었다. 고대 유대인들의 문화에서 이것은 추문을 만들기에 충분한 행동이었다.

마리아가 예수님을 유혹하려 했던 것일까? 그녀는 일말의 자존심도 없었던 걸까? 사람들이 자신에 대해 뭐라고 말할지 정말 몰랐던 것일까?

마리아는 예수님의 발 앞에 앉은 채, 사람들이 자신에 대해 뭐라고 수군거릴지 따위에는 신경 쓰지 않았다. 그리스도의 사랑과 용서가 마리아의 존재 가장 깊은 곳을 뚫고 들어와 있었기 때문이다. 이 심오한 경험이 마리아로 하여금 스스로를 부끄러워하지 않도록 했고 자신의 진실된 가치와 존귀함을 밝혀 주었다. 그녀의 마음은 예수님이 주시는 사랑과 자비, 엄청난 안정감에 대한 감사로 차고 넘쳤다.

마리아는 자기 존재의 의미가 다른 사람들의 평가가 아니라 예수님과의 관계 안에 있다는 것을 이해했다. 행동에 있어서도 세상에서 옳다고 비춰지는 바에 좌우되지 않고 그리스도가 옳다고 하는 것을 따라 행했다. 그래서 사람들이 뭐라고 생각하든 상관없이 자신에 대해 확신을 가질 수 있었다.

주님은 우리도 마리아처럼 하나님의 사랑을 계속해서 경험하는 가운데 그리스도를 기반으로 한 자신의 정체성을 세워나가길 바라고 계신다. 그렇게 될 때, 아니 그렇게 될 때만 자신의 진짜 삶을 정직하게 살 수 있다.

하나님 사랑의 묵상과 마음 살피기

사람들의 인정을 끊어내려 할 때 도움이 되는 가장 좋은 방법은 매일 다음의 두 가지를 실천하는 것이다. 하나는 자신의 마음이 어떻게 움직이고 있는지 살펴보는 것이고, 다른 하나는 하나님의 사랑에 대해 곰곰이 생각해 보는 것이다.

자기 마음을 살핀다는 것은 이를 테면 최근 사람들과 어떻게 상호작용 했는지 생각해 보는 것이다. 사람들이 나에 대해 좋게 생각해 주기를 바라는 마음에서 자신의 지위를 말한 적이 있는가? 평소랑 다르게 행동한 적은 없는가? 누군가의 인정을 바라며 자신의 말이나 행동을 그에 맞추려는 시도가 있었는지 깨닫게 해 달라고 하나님께 구하라.

두 번째 실천 방안은 매일 하나님의 사랑을 상고하는 것이다. 나는 규칙적으로 시간을 내서 성경을 읽고, 침묵과 고독의 시간을 가졌다. 조용히 하나님의 사랑을 받아들이며 그 사랑이 구석구석 스며들어 몸 속 모든 세포 하나하나를 바꿀 수 있도록 했다. 이렇게 했을 때 다른 사람들이 어떻게 생각할지에 대한 두려움이 서서히 잦아드는 것을 확인할 수 있었다.

원리는 간단하다. 하나님의 사랑 안에 정체성의 기반을 둔다면 사람들의 인정과 사랑받고 있다는 느낌을 갈구하는 마음이 줄어들 것이다.

    사람들이 어떻게 생각할지, 그것에 대해 신경 쓰지 않겠다고 마음먹었다면 그 다음 '멈춤'을 향한 위대한 첫 발걸음을 뗀 것이다. 그 다음 단계는 거짓말을 멈추는 것이다. 다음 장에서는 자기 자신과 하나님, 다른 사람들을 속이지 않고 진리 안에서 산다는 것이 무엇인지에 대해 살펴볼 것이다.

Chapter 3

하얀 거짓말의 유혹을
뿌리치기

거짓말은 정치를 비롯하여 사업, 결혼 생활, 데이트, 세금, 구직 활동, 광고, 가족, 우정, 직장, 학교 등 우리 사회의 많은 부분을 차지하고 있다. 게다가 새삼 놀랄 필요도 없이 교회 공동체 안에도 만연해 있다.

• 누군가를 만났을 때 당신은 활짝 웃으며 포옹하지만 사실은 꼴

보기 싫은 사람이다.

- 얼음처럼 차갑고 냉랭한 관계를 이어가면서도 "우리는 잘 지내고 있고 결혼 생활도 만족스러워"라고 말한다.
- 자신의 미래를 생각하면 두려움이 엄습하지만 겉으로는 이렇게 말한다. "잘하고 있잖아. 직장을 잃은 게 뭐 대수야? 난 그런 거 걱정 안 해."
- 실제로는 완벽할 정도로 최상의 성과라고 생각하지만 겉으로는 이렇게 말한다. "제 생각엔 제법 잘하신 것 같네요."
- "이런, 전 못 갈 것 같은데요. 제가 너무 바빠서요"라고 말하지만 사실은 그 행사에 참석하고 싶지 않다.

거짓말과 핑계는 내면 아주 깊숙이 뿌리내리고 있어서 그것을 알아채기란 쉽지 않다. 모든 문화마다, 또한 모든 가족들마다 불편한 (곤란한) 상황을 피하고, 사실을 감추거나 빙 돌려서 반쪽 진실만을 말하는 독특한 방법들이 있다. 우리는 말로써 상대방을 속이기도 하고, 거짓 웃음이나 몸짓으로 거짓말을 하기도 한다. 침묵을 통해서도 거짓말을 한다. 그러고는 다른 사람들도 그렇게 하기 때문에 별것 아니라고 생각한다.

하얀 거짓말

대부분의 사람들처럼 나 역시 그리스도인이 되기 전에는 거짓 말을 잘 했다. 그런데 가장 놀라운 것은 내가 종종 거짓말을 하고 있 다는 것을 전혀 의식조차 못했다는 것이다. 무엇보다 나 자신에게, 그 다음은 다른 사람들에게, 심지어 하나님께조차 거짓말을 하고 있 었다.

돌이켜 보면 내가 참석했던 교회들은 어떤 말을 해야 할지, 또 는 하지 말아야 할지에 대한 다양한 무언의 계명들이 조장되어 있었 던 것 같다. 그 계명들로 인해 나는 그렇지 않을 때조차도 모든 것이 괜찮은 척 행동했고, '좋은 그리스도인'으로서 평화를 지키기 위해 진 실을 왜곡했다.

분노나 슬픔, 실망감이 밀려들 때면 그 감정들을 무시하려고 애 썼다. 그리스도인의 삶은 으레 기쁘고 풍성해야 하지 않는가? 나는 하나님께 이런 감정들을 없애 달라고 간구했다. 물론 하나님은 들어 주시지 않았다. 그래서 난 짐짓 괜찮은 척했다.

결혼 생활 초기 몇 년 동안은 삶의 속도에 맞추느라 나 자신이 얼마나 비참한지에 대해서 사실대로 말하지 못했다. 마치 혼자서 아 이를 키우는 것 같은 기분이었고, 이 때문에 화가 많이 났지만 그 사 실도 숨겼다. 교회 안의 까다로운 사람들을 대하면서 느끼는 억울한 감정에 대해서도 드러내지 않았다. 바닷가나 산, 산책로나 탁 트인 공간 등 자연으로부터 떨어져 나와 번잡한 뉴욕 시에 사는 것 때문에 내가 얼마나 깊이 슬퍼하고 있는지 진실을 말하지 못했다.

마음 한편으로는 화가 치밀어서 '아니오'라고 말하고 싶은 상황에도 부드럽고 친절한 말투로 사람들에게 '네'라는 거짓말을 했다. 내 안에 두려움이 일어날 때도 사람들을 실망시키고 싶지 않다는 이유로 안 그런 척했다.

모임이 끝난 후 집으로 곧장 가고 싶었을 때도 사람들을 차로 바래다주었다. 정말로 혼자 있고 싶었을 때도 모임 초청을 거절하지 못했다. 남편이 늦게까지 일할 때 내 마음은 괜찮지 않았지만 겉으로는 개의치 말라고 했다. 수년 동안 난 짜증을 낸다거나 화를 내는 것에 대해 죄책감을 느꼈다. 어느 날 내 입에서 모난 말이 새어나왔을 때 친한 친구가 물었다. "제리, 잘 지내고 있는 거지?"

나는 재빨리 뱉은 말을 덮었다. "아무 문제없어. 모든 게 잘되고 있는 걸." 하지만 내 목소리 톤과 날카로운 단어들, 몸짓에는 진실이 배어 나왔다.

셋째 아이를 축복하던 날

나는 아이들의 출생이나 휴가, 생일, 졸업식 같은 행사들을 신성하게 여기는 집안에서 성장했다. 6명의 형제자매들 사이에서 태어난 조카들만 해도 23명이나 되었다. 심지어 지금은 그 조카들의 자녀들도 16명이나 된다.

우리는 행사가 있을 때마다 함께 모였다. 그것은 우리 가족의 전통이기도 했다. 우리 집안은 아일랜드계 미국인으로 충성심과 헌신에 있어서는 둘째가라면 서러울 정도였다. 그래서 우리 가정에 셋째 딸이 태어났을 때 아기의 축복식에 맞춰 자연스럽게 모든 가족이 축하 행사를 계획했다.

"피터, 앞으로 3주 후면 친척들이 대략 20명 정도가 올 거 같아요." 나는 내심 그가 교회 일을 줄이고 시간을 내어서 나와 함께 파티 준비를 하길 바랐다.

"그래? 정말 대단한데." 그는 걸어가면서 이렇게 대답했다. 나는 그의 말이 무슨 뜻인지 잘 알았다. 교회는 한창 바빴고 그는 여러 일들로 분주했다. 나는 늘 혼자였다. 그날이 다가올수록 내 마음은 긴장감과 조바심으로 점점 더 타들어갔다. 여섯 살, 네 살, 그리고 석 달이 된 세 아이들을 돌보는 것만도 진이 빠질 정도로 충분히 힘들었다. 게다가 친정 가족들과 시댁 가족들, 친구들의 방문에 대한 모든 준비를 나 혼자 떠안고 있었다.

'어쩜 저렇게 교회에만 붙들려 있는 건지, 정말 싫어.' 난 속으로 중얼거렸다. 그러면서도 동시에 내가 너무 이기적인 것 같아서 죄책감을 느꼈다. 그는 이 모든 사람들에게 자신을 내주면서 그리스도께 순종하고 있지 않는가? 그럼에도 불구하고 나 역시 그와 함께 있고 싶었고 아이들도 아빠와 함께 있는 시간을 가졌으면 했다. 내게는 잠깐의 휴식이 절실했다. 하지만 우리가 어떻게 하나님을 향한 헌신적인 마음과 경쟁해서 이기겠는가? 비록 그것이 잘못된 방향이라 할지라도 말이다.

축복식이 있기 3일 전쯤, 피터가 밖에 나가서 낭만적인 데이트를 하자며 그동안 우리 세 딸들을 봐줄 베이비시터를 알아볼 수 있는지 물었다. "당신, 지금 농담하는 거지?" 나는 비아냥대며 대답했다.

"피터, 당신이 집도 치우고, 빨래도 하고 방문하는 사람들에게 찾아오는 길도 알려 주고 주차할 곳도 알아보고 40명이 먹을 음식도 준비하지 그래요? 아, 맞다. 하는 김에 베이비시터도 같이 찾아보지?" 그는 아무 말도 없었다. 낭만적인 데이트도 없었다.

3일이 지나고 드디어 맑고 화창한 4월의 어느 주일, 친지들은 퀸즈(Queens)에 있는 우리 집을 찾아 미로와 같은 터널과 다리들, 뉴욕의 교통 정체를 뚫고 힘겨운 여정을 거쳐 도착했다. 우선 교회에 먼저 갔다가 다음엔 유아 축복식을 위해 좁은 우리 아파트로 향했다. 그때가 오후 1시쯤이었다.

피터는 조금 늦게 오후 2시 정도에 올 거라 예상했다. 그는 당연히 딸의 축복식에 맞추려고 다른 사람에게 대신 설교를 부탁할 사람이 아니었고, 나 또한 요청하지 않았다. "당연한 것을 굳이 말할 필요는 없잖아?" 하지만 한 시간 정도 늦게 파티가 무르익을 때쯤 도착한다면 얼마든지 받아들일 수 있었다.

2시가 되었는데 피터가 오지 않았다.

3시가 되어도 피터는 오지 않았다.

"도대체 어디 있는 거지? 이게 말이 되기나 하는 거야?" 우리 딸이 태어난 것을 축하하는 자리에 나 혼자서 시댁, 친정 가족들, 친구들을 즐겁게 해 주려고 애쓰고 있잖은가! 나는 굴욕감마저 느껴졌다.

5시 15분 쯤 되자 가족들이 하나둘 돌아가기 위해 일어서기 시작했다. 부모님이 막 나가시려고 할 때 피터가 태평스럽게 걸어 들어왔다. "벌써 가시려구요?" 그는 놀란 표정으로 소리쳤다.

"아직 초저녁인데! 교회 안에 몇 가지 심각한 일이 생겨서 방금까지 거기 붙잡혀 있었어요." 나는 가족들 앞에서 당황스러웠다. 가족들이 그 말에 대해 어떻게 생각해야 하나?

'누가 교회의 심각한 일 따위에 신경이라도 쓴다나? 이건 당신 딸 축복식이야!' 물론 나는 겉으로는 아무 소리도 못한 채 속으로만 외쳤다.

우리 가족들과 친구들이 돌아간 후 피터는 마치 속죄라도 하려는 듯 미친 듯이 집을 치우기 시작했다. 그날 저녁 나는 남편과 한마디도 말을 섞지 않았다. 다음날과 그 다음날에도 거의 말을 붙이지 않았다. 나의 표정이나 행동이 말하는 메시지는 분명했다. "저리 가. 당신과 다시 말하고 싶어지면 그때 가서 알려줄 테니까."

나는 피터가 이것이 나에게 얼마나 힘겨운 일인지, 이 파티가 나에게 얼마나 소중한 것이었는지 알고 있다고 확신했다. 우리는 그날을 결코 되돌릴 수 없었다. 절대로.

우리는 3일 동안 이 일에 대해 말하지 않았다. 마침내 내가 피터에게 그날 얼마나 낙심했는지 말했을 때도 내가 느낀 깊은 분노에 대해서는 표현하지 않았다. 그가 어떻게 반응했는지 아는가?

이 논의 말미에 이르렀을 때 그는 자신이 늦게 온 것이 유아 축복식 3일 전 내가 자신과 낭만적인 데이트를 하러 나가지 않은 것에 대한 일종의 보복이었다는 것을 시인했다. 그는 나의 거들먹거리는 태도에 앙갚음하려는 자신의 잘못된 방식에 대해 자백했다. 피터의 사과에 나 또한 '좋은 그리스도인'이라면 으레 그래야 하는 것처럼 용서를 받아들이고 넘어갔다.

하지만 나의 용서는 거짓이었다. 실은 남편의 행동으로 내가 깊은 상처를 받았다는 것, 그리고 그 상처가 아물지 않은 채 쓰라림으로 남아 있었다는 것을 말하기까지는 꼬박 5년이라는 시간이 더 흘러야 했다.

진실함의 정도와 자유함의 정도

태초부터 하나님의 아름다운 계획 가운데 하나는 인간들이 진실 되게 사는 것이었다. 이는 그분의 설계도 중에서도 가장 중심에 있는 것으로 우리의 자유와 기쁨을 위한 것이다. 예수님도 "자기를 믿은 유대인들에게 이르시되 너희가 내 말에 거하면 참으로 내 제자가 되고 진리를 알지니 진리가 너희를 자유롭게 하리라"(요 8:31-32)고 말씀하시며 이를 강조하셨다. 이 진리는 하나님에 관한 성경적 진리뿐 아니라 일반적인 진리 또는 진실을 둘 다 포함한다.

예수 그리스도를 따르는 사람들로서 우리가 얼마나 진실하게 살고 있는가의 정도는 우리가 얼마나 자유로운가를 말해 주는 지표가 된다. 우리가 삶의 어떤 부분에서 거짓말을 하면 그것은 스스로에게 족쇄를 채우는 것과 같다. 또한 그리스도께서 승리를 통해 우리에게 주신 자유를 제한하는 것이 된다.

어떤 목사가 교회 안에서는 성경을 가르치고 집에 가서는 인터넷으로 은밀하게 포르노그래피를 보고 있다면 그는 자유로운 것이 아니라 매여 있는 것이다.

어떤 후원회 간사들의 대표가 반복해서 사람들에게 많이 기부하라고 재촉한다고 해보자. 그는 자신이 아주 열심히 노력하고 있는 척하면서도 정작 자신은 한 푼도 내지 않고, 그것이 발각될까 두려워하고 있다. 그는 자유로운 것이 아니라 묶여 있는 것이다.

래리와 트레이시 부부는 소모임 안에서 강한 그리스도인의 모습을 보여 준다. 하지만 트레이시는 종종 래리에게 자신의 분노를 폭발하곤 한다. 래리는 아내와 이야기하는 것이 편하지 않다. 또한 혹시나 둘 사이가 더 악화될까 걱정스러워 반대 의견을 말하지 못한다. 그들은 이 문제를 서로에게나 다른 누군가에게 드러내고 싶어 하지 않는다. 래리나 트레이시 둘 다 묶여 있는 것이다.

이 문제와 관련하여 우리 삶에는 엄청난 영적 전쟁이 벌어지고 있다. 이런 이유로 바울은 악한 세력에 맞서 자신을 방어하기 위해서 하나님의 전신갑주를 입으라고 말한다. 그리고 그 첫 번째 요소로 진리의 허리띠를 언급한다(엡 6:12-14).

열정적인 그리스도의 제자로 20년 가까이 살아 왔던 나는 37세가 되었을 때야 비로소 진리 안에서 산다는 것과 나의 중심에서 자유를 경험한다는 것이 무슨 뜻인지 깨닫게 되었다(시 51:6). 거짓을 버린다는 것은 내가 기독교 공동체와 교회로 이해하고 있었던, 말도 안 되는 껍데기로 더 이상 살지 않기로 결심하는 것이었다. 나는 더 이상 진실을 거짓이라고도, 거짓을 진실이라고도 말할 수 없었다. 거짓의 대가는 점점 더 커졌다. 마침내는 고통스럽게 나 자신과 다른 사람, 하나님 앞에서 정직해지는 일 외에는 아무것도 남지 않은 자리의 문턱까지 이르게 되었다.

진리 안에서 살지 못할 때마다 나는 부지불식간에 궁극적인 진리이신 그분을 내 삶에서 배제시켰다. 우리가 거짓 안에 거할 때 우리는 더 이상 하나님의 통치 안에 있지 않고 사탄의 다스림을 받는다. 예수님은 마귀를 "거짓의 아비"(요 8:44)라고 말씀하셨다. 우리가 일단 그 선을 넘게 되면 다양한 공격과 속임수에 취약하게 된다. 내가 딸아이의 축복식에서 나의 진짜 감정을 숨기고 피터와 나 스스로에 대해 정직해지지 않는 한 상처는 치유되지 못한 채 남게 된다. 그리고 그 결과로 내적 혼란과 더불어 피터를 향한 분노도 남아 있었다.

자신을 향한 거짓말

내가 가장 많이 거짓말했던 대상은 바로 나 자신이었다. 다른 사람들에게 좋은 모습을 보이고 싶었던 열망이 너무나 깊숙이 배어서 나는 계속적으로 스스로를 속였다. "제리, 넌 불행한 게 아니야. 이일을 할 수 있어. 하나님이 명하신 대로 기뻐할 수 있어."

문제는 결혼 생활의 처음 몇 년 동안 나의 비참함과 탈진이 점점 더 심해지고 있었다는 것이다. 우리는 어린 네 명의 아이들의 철없는 부모이자 그것도 뉴욕 시에서 상처를 안은 채, 성도도 없이 스태프와 돈도 없이 교회를 개척했던 것이다. 우리의 믿음은 하나님을 향한 사랑과 이런 저런 신학과 훈련, 젊은 사람 특유의 순진함, 우리의 개인적 이슈들에 대한 무지 등이 섞인 혼합물이었다. 그런 배경의 한가운데서 내 영혼이 살아 있으려면 수많은 거짓말과 부인이 필요했다.

하지만 다른 한편으로 거짓 안에서는 다른 사람들을 정말로 사랑할 수 없었다. 억눌린 슬픔과 분노가 결합되어 있던 나의 내면에는 항상 갈등이 있었고, 앞을 예측할 수 없는 불안에 떨어야 했다. 사랑이 많은 그리스도인처럼 보이는 태도 아래에는 엄청난 분노가 불타 오르고 있었다.

내가 "사랑이 많은 그리스도인이 아니었구나" 하는 것을 받아들 이게 된 그날은 내가 진정으로 사랑이 많은 사랑스런 사람이 되기 위 해 위대한 첫 발걸음을 떼놓게 된 날이기도 하다. 가식 때문에 짊어 졌던 어마어마한 짐을 어깨에서 내려놓았다는 느낌이 들면서 마침내 연약한 내 진짜 모습과 깨어진 마음을 인정할 수 있었다. 나의 마음 은 낮아졌다. 부족함을 껴안게 된 것이 결국은 나로 더 안전하고, 더 부드럽고, 게다가 더 다가가기 편한 사람이 되게 했다.

가족 치료로 유명한 버지니아 사티어(Virginia Satir)는 우리가 가 족이나 문화로부터 내면화된 메시지나 규칙들로 인해 쉽사리 스스로 에게 거짓말을 하게 된다고 지적한다. 이 규칙들 중 얼마는 명문화되 어 있지만 대부분은 불문률과 같은 것이다. 사티어는 "우리 대부분은 자신에 대한 비인간적인 규칙들 때문에 인간미 없이 살고 있다"라고 말한다.[1] 사티어가 언급한 '비인간적인 규칙들'의 예는 아래와 같다. 이것들 가운데서 자신의 삶에 영향을 주는 무언의 규칙들이 있었는 지 생각해 보기 바란다.

- 자신의 감정을 드러내면 안 된다.
- 나대면 안 된다.
- 말대답하면 안 된다.

- 언제나 친절해야 한다.

- 싸우면 안 된다.

- 항상 착해야 한다.

- 항상 시간을 잘 지켜야 한다.

- 자랑하면 안 된다. 교만하면 넘어지게 된다.

- 실수로 목숨을 잃을 수도 있다. 따라서 절대로 실수해서는 안 된다.

이런 규칙들이 무의식적으로 성인이 될 때까지 몸에 배였고 바뀌지 않았다면 그것이 우리의 자유를 질식시키고 거짓을 조장할 것이다. 예를 들어 만약 '항상 착해야 한다'라는 자신의 규칙 때문에 화가 나도 화를 내지 못한다고 하자. 그것은 '나는 항상 잘해야 하고 좋은 사람들은 슬프거나 실망하지 않는다'라는 규칙을 가지고 있기 때문에 "나는 실망하지 않았어"라고 말하는 것이다. "친절한 사람들은 항상 '네'라고 말한다"라는 규칙 때문에 '아니오'라고 말하지 못하고 '네'라고 말하는 것이다.

이와 같은 가족 규칙 안에서 성장하게 되면 우리는 자신의 필요와 열망에 대해 결국은 손쉽게 거짓말을 하게 된다. 불행하게도 우리는 하나님께서 우리를 어떤 존재로 만드셨는지에 대한 중요한 관점을 제한하게 된다. 게다가 하나님이 주신 선택의 자유를 제한하게 되고 자신이 진실로 누구인가에 대한 진리를 축소시키게 된다.

상대방을 향한 거짓말

매사추세츠대학의 심리학 교수 로버트 펠드먼(Robert Feldman)은 자신의 연구에서 거짓말이 자존감과 밀접한 관련을 가지고 있다는 것을 밝힌다. 그는 자존감이 손상된 사람일수록 거짓말을 더 많이 한다고 결론을 짓는다. 그는 사람들이 점점 더 남들이 자신들을 어떻게 받아들이는지에 관여하게 되고 그 결과로 더 많이 말하고 확실하거나 정확하지 않은 일들을 말하게 된다고 지적한다. 펠드먼은 결론적으로 이렇게 말한다. "우리는 다른 사람들에게 자신을 이해시키기보다 자신에 대한 관점을 유지시키려고 애쓴다. 그것은 일관되게 자신들이 괜찮은 사람들이라는 것이다."[2]

이런 이유 때문에 종종 무엇이 진실인지 말하는 위험을 감수하기보다 사실은 쏙 걷어 내고 거짓말을 하는 것이 더 쉬워지는 것이다. 무감각한 동료에게 상처 받았을 때 그와 맞서기보다는 아무 말도 하지 않는 것이 더 쉬워 보인다. 상사와 저녁 약속이 잡혔을 때 가족과 약속이 있다는 것을 말하고 거절하기보다 '네'라고 말하는 것이 더 쉬워 보인다. 고객과의 계약이 취소될 경우를 무릅쓰기보다는 몇 가지 사실을 살짝 돌려서 말하는 것이 더 쉬워 보인다. 자신의 영적 침체를 인정하기보다는 강하고 성장하는 그리스도인이라는 인상을 주는 것이 더 쉬워 보인다.

왜일까? 우리들 대부분은 자신과 다른 사람들의 눈에 자기 모습이 나쁘게 비쳐지는 것이 편하지 않다. 우리는 앞에 있는 사람을 기쁘게 해 주려는 의도에서 뿐 아니라 자신에 대해 긍정적인 인상을 심어 주기 위해서,[3] 그것이 진실이든 아니든 상관없이 불필요한 부분은 쏙 빼버린다. 다음의 시나리오들은 사람들에게 저지르는 거짓말과 관련하여 부가적인 뉘앙스나 복잡 미묘함이 강조되어 있다.

크리스티나는 미용실에서 머리를 매만진 뒤 집에 돌아왔다. 마침 남편이 식탁에 앉아 커피 한 잔과 함께 신문을 펼쳐들고 있다. 그녀는 남편의 어깨를 톡 치며 말을 건넨다.

"마이크, 내 머리 스타일 어때? 맘에 들어?" 그는 신문에서 눈을 떼 아내의 모습을 올려다본다. 그의 눈썹이 살짝 올라간다. 마이크는 무심한 듯 아내의 새로운 머리를 찬찬히 살핀다.

"아니, 별로인데." 그는 신문으로 다시 눈길을 돌리며 대답한다.

"뭐라구요? 가끔 보면 당신은 어쩜 이렇게 센스가 없는지 믿을 수 없을 정도라니까!" 크리스티나가 소리친다. 그녀는 자기 모습을 다시금 확인하려 욕실로 달려간다. 그리고 누가 봐도 분명 엉망인 머리스타일로 인해 화가 나고 마음이 상한다.

이런 상황에서 마이크에게 어떤 조언을 해야 할까? 왜 그는 간단하게 "머리가 참 멋지네"라고 말하지 못할까? 아내에게 상처를 주기보다 약간의 거짓말을 하는 것이 더 큰 사랑이 아니었을까? 마이크에게 있어서 거짓말을 하지 않는다는 것은 어떤 뜻일까? 조금 더 은혜로운 마음을 가지고 진실을 말할 수 없었을까?

마이크가 크리스티나에게 이렇게 말하는 것을 그려 보자. "여보, 난 있는 모습 그대로 당신을 사랑해. 머리 스타일은 내 생각보다 당신 생각과 느낌이 더 중요하지. 그래도 한마디 덧붙이자면 난 이전 머리가 더 맘에 들어."

아니면 마이크가 이렇게 대답할 수도 있었을 것 같다. "이번 머리 모양은 내가 좋아하는 스타일은 아니야. 하지만 당신은 나한테 언제나 아름다운 사람이지."

마이크가 상대방을 존중하는 태도로 정직하고 성숙한 반응을 보이기 위해선 다른 많은 요소들도 고려되어야 한다. 예를 들면 그는 아내와의 관계에서 얼마나 많은 호의를 베풀었는가? 결혼 생활을 통해 지금까지 쌓아온 역사들은 어땠는가? 그리고 뭔가를 알아차리고 자각하는 각 개인의 성숙도는 어떤가?

놀랍게도 이 이야기에서 무의식적으로 거짓말을 하고 있는 사람은 크리스티나이다. 그녀는 마이크에게 질문을 던지면서 이렇게 말했다. "내 머리 스타일 맘에 들어?" 솔직하게 물어보지 않은 것이다. 그녀가 정말 이야기하고 싶었던 것은 이런 것이다. "내 머리가 이상하게 보일까 봐 걱정스럽고 두려워. 제발 당신이 괜찮다고 말해 주면 좋겠어." 크리스티나의 질문은 그 자체가 솔직하지 못했다.

크리스티나가 자신에 대해 또는 머리 스타일에 대해 편안하게 느끼지 못했기 때문에 그녀는 마이크의 인증을 원했다. 우리들 대부분이 그렇듯 외모는 매우 중요한 문제다. 머리 스타일 같은 사소해 보이는 것조차도 그녀를 옆길로 벗어나 그리스도의 사랑 안에서 안식하지 못하게 할 수 있다. 크리스티나의 경우처럼 대다수의 사람들은 스스로에 대해 좋은 느낌을 가지길 원한다. 이 때문에 우리가 하는 거짓말은 대개 다른 사람들의 입증과 확신에 그 뿌리를 내리게 된다.

물론 우리는 거짓말을 통해 잠시 동안 위안을 얻기도 한다. 하지만 그것은 항상 대가가 따른다. 악의 없어 보이는 순간의 거짓말이 때로는 시간이 지날수록 복잡해지고 어려운 상황을 만들기도 한다. 쉬운 길이 어렵게 바뀌는 것이다. 그렇게 되면 우리의 관계는 질적으로 점점 더 멀어지고 소원해진다. 우리에 대한 사람들의 신뢰도가 옅어진다.

반면 스트레스는 점점 커진다. 사람들에게 어떤 거짓말을 했는지 기억해야 하므로 불안감도 더 커진다. 그리고 가장 중요한 것은 하나님과 다른 사람들을 사랑하는 우리의 능력과 존재의 의미가 퇴색되고 만다.

갈등? 옳을 수도 있다!

상담사이자 작가인 산드라 윌슨(Sandra Wilson)은 "진실은 우리에게 자유를 주지만 그전에 우리를 비참하게 만든다"라고 말했다.[4] 반쪽짜리 진실 또는 거짓말에 기반을 둔 관계에서는 진실하려는 시도가 실은 종말을 예고하는 징조의 시작일 수 있다. 일단 진실해지기로 했으면 관계가 세워지든지 깨지든지 그 여부가 드러날 것이다.

내가 피터에게 진실해지기로 마음먹었을 때 우리는 더 이상 무시될 수 없는 우리 관계에서 새로운 차원의 갈등을 경험하게 되었다. 우리는 서로의 다름에 옴짝달싹 못한 채 출구를 찾을 수 없었다. 서로에게 진실을 말함으로써 우리의 모든 것이 바뀌었다. 피터와 갈등을 겪으면서, 비록 처음에는 어렵고 고통스러웠지만 결국은 내가 이제껏 꿈꾸었던 친밀한 결혼 생활을 누릴 수 있게 되었다.

대부분의 사람들은 갈등이 뭔가 잘못되고 있다는 사인이라고 믿는다. 하지만 진실은 정확히 그 반대다. 그것은 모든 것이 올바르게 가고 있다는 것을 가리킬 수 있다. 갈등은 정상적이며 중요하다. 게다가 친밀한 관계에서 서로가 더욱 성장하고 성숙하려면 반드시 필요한 것이다.

솔직하게 사실을 말한다고 해서 상대방이 호의적인 반응을 보이리라는 보장은 없다. 무책임하게 또는 상대방에 대한 존중 없이 말해지는 솔직함은 거의 항상 불필요한 손실을 만들어낸다. 우리는 주께서 은혜와 진리가 충만한(요 1:17) 분이심을 항상 기억해야 한다. 사랑 안에서 진실을 말한다는 것은 적절한 타이밍에, 상대방을 존중하는 단어를 사용하여, 자신의 생각과 느낌들에 대한 책임을 가지고, '나'를 주어로 말하기로 선택하는 것이다. 이런 기술들은 나면서부터 저절로 생기는 것이 아니기 때문에 반드시 배우고 연습해야 한다.

거짓말을 하지 않기로 다짐하는 것과 진실하게 말할 것을 결심하는 일은 전혀 다른 것이다. 능숙한 솜씨로 진실을 말하는 일은 우리 안에, 그리고 사람들 안에 있는 하나님의 형상을 인정하고 존중하는 가장 중요한 방법 가운데 하나이다. 솔직하게 말하는 법을 배우는 일은 영적인 성숙을 위해 결정적으로 중요하다. 뉴 라이프 펠로십 교회에서는 사람들이 어떻게 상대방을 존중하면서, 정직하고 분명하게 그리고 때에 맞게 진실을 말할 수 있는지 교육하고 있다.

상대방을 존중하면서 자신이 말하고 싶은 바를 조심스럽게 표현하기 위해서는 말하기 전에 우선 생각해야 한다. 공손하면서도 무례하지 않게 상대방의 감정까지 살펴야 한다.

- 무례한 말: "그 아이디어는 너무 별로인 것 같아."
- 존중하는 말: "흥미로운 생각이네요." 또는 "사실 전 좀 당황스러운데…."

정직하게 자신이 정말 느끼고 생각하는 바를 말해야 한다. 거짓말을 하거나 진실을 얼버무리면 안 된다.

- 정직하지 않은 말: "저는 같이 점심 못 먹을 것 같아요. 다른 약속이 있거든요."

- 정직한 말: "오늘 점심은 … 저는 빠질 게요. 그냥 혼자만의 시간이 필요하거든요."

분명하게 솔직하게 말하기 싫어서 에둘러 말하거나 넌지시 암시해서는 안 된다. 정말 물어보고 싶을 때는 두루뭉술하게 말하지 말고 세세한 부분을 포함해서 물어보라.

- 불분명한 말: "극장에 참 좋은 영화를 상영 중이던데, 밖에 비가 오네요."
- 분명한 말: "밖에 비가 오긴 하지만 오늘 저녁 나랑 같이 영화 보러 가지 않을래요?"

- 불분명한 말: "가끔은 당신이 저녁을 직접 해 주면 좋을 거 같아."
- 분명한 말: "화요일이랑 목요일 저녁은 당신이 직접 요리를 해 주면 좋겠어. 필요한 재료들은 모두 내가 책임지고 준비할게."

때에 맞게 말하는 이나 듣는 이 모두 피곤하거나 산만하거나 긴장되지 않는, 좋은 시간을 골라야 한다.

- 적절하지 않은 때: 가령 딸이 학교에서 아주 힘든 시간을 보내

고 집에 왔다. 수학 시험을 못 본 데다 친한 친구랑 다투어서 어깨가 축 처져 있다. 이때 당신이 때마침 지저분한 방 상태에 대해 이야기하려고 한다.

- 적절한 때: 당신은 딸이 학교에서 힘든 하루를 보내고 온 것을 알게 된다. 오늘 딸의 지저분한 방에 대해 이야기하려고 했는데 아이가 좀 더 편안해질 때를 기다렸다가 말하기로 마음먹는다.

이렇게 말하려면 사려 깊게 생각하고 자신의 에너지를 쏟아야 한다. 어쩌면 우리는 이제껏 살아오면서 상대방을 존중하는 마음으로 때에 맞게, 분명하게 말하는 법을 배우지 못했다. 자신의 원가족이나 문화 안에서 그런 모델들을 거의 보지 못했기 때문이다. 새로운 방법들을 익히려면 많은 시간이 걸린다. 따라서 자신에 대해 좀 더 너그러워져야 한다.

하나님께 하는 거짓말

실제로 많은 사람들이 하나님께 거짓말을 한다. 그분이 듣기 원하신다고 생각되는 고백이나 마땅히 느껴야 할 것 같은 감정들을 나누면서 말이다. 나 역시 그랬다. 이것이 얼마나 모순되는 개념인지 잘 생각해 보라. 이것은 마치 하나님이 우리를 자신보다 더 잘 아시지 못하는 것처럼 생각하는 것과 같다. 나 자신에게 솔직해지고 나서야 비로소 하나님께도 온전히 정직해질 수 있었다.

수년 동안 내 안에선 많은 갈등과 싸움이 있었다. 그리스도께 헌신했지만 그럼에도 용납되었다는 것을 믿지 못해서 생각으로나 감정적으로 발버둥을 쳤다. 예를 들어 내 안에는 슬픔과 화가 죄책감 및 수치심과 더불어 가득 차 있었다. 그런 것들은 억누르고 부정되어야 할 결점 같은 것이었다. 나는 계속해서 하나님께 구했다. "주의 구원의 즐거움을 내게 회복시켜 주소서"(시 51:12). 안타깝게도 나는 하나님이 내면의(정신적) 고통을 통해서도 내게 말씀하실 수 있다는 것을 이해하지 못했다.

이와는 대조적으로 성경 안에 등장하는 탁월한 영성의 모델들은 자신의 내면세계를 껴안고 정직하게 반응했다. 엘리야와 요나 선지자는 하나님께 솔직하게 "죽는 것이 낫겠다"라고 말씀드렸다(왕상 19:1-5; 욘 4:8). 욥은 열 명의 자녀들과 건강을 잃은 후에 자신이 태어난 날을 저주하는 거친 기도를 올렸다. 세례 요한은 깊은 내적 몸부림 뒤에 정직하게 예수님께서 과연 오실 메시아이신지에 대해 자신이 느낀 혼란을 솔직하게 표현했다.

하나님께서는 우리가 진실을 왜곡하거나 은폐하지 말 것을 요구하신다. 하나님의 임재 안에서 우리는 혼란스런 감정들과 함께 모든 실망과 몸부림들(그것이 크든 작든)에 대면해야 한다.

내가 오해하고 있었던 것은 만약 어떤 것을 밖으로 말하지 않으면 그것들이 실재하지 않는다고 생각한 것이다. 심지어 하나님께도 말이다. 그분은 이미 내 모든 생각과 감정들을 다 알고 계시는데 나는 마치 표현하지 않으면 하나님이 내가 얼마나 화가 났는지, 우울한지, 수치스러운지, 절망적인지, 혼란스러운지 모르실 거라고 착각했다. 스스로에게 더욱 정직하고 진실해 질수록 하나님을 더욱 더 알게 되었다. 성경 말씀과 그분의 은혜가 새로운 방식을 통해 살아서 다가왔다.

용기 있게 진실해 지기로 결정한다면 우리는 하나님과 손에 손을 맞잡고 앞으로 나아가게 된다. 그리고 진리가 너희를 자유케 하리라는 그분의 약속을 경험하게 된다.

가식을 벗고 천국을 맛보라

실수하지 않길 바란다. 거짓말을 멈추고 진실을 말하기로 결정하는 것은 처음에는 죽을 것 같은 기분일 수도 있다. 우리 안에 깊이 배인 오랜 습관을 바꾸는 것이기 때문이다. 하지만 그것은 아름다운 죽음이고 궁극적으로는 생명과 부활로 이어지는 죽음이다.

당신이 오늘날 수많은 기독교 문화가 특징지어 준 피상적이고 '매력적인' 겉모습을 벗어 버리기로 결심한다면 해방감과 함께 자유,

참 천국을 맛보는 진정한 몸으로서의 삶을 경험하게 될 것이다. 모든 관계들도 점점 더 진실해질 것이다. 아무것도 숨기지 않으면 스트레스와 걱정들도 점점 사라질 것이다. 자신의 온전함이 깨지지 않기 때문에 자존감도 더 견고해질 것이다. 우리 삶에 스며들어 있는 주변 사람들과 자기 자신, 그리고 하나님과 화평하라.

거짓말을 멈추고 정직해질 때 우리는 자신의 영성에 불을 붙이게 된다. 거짓으로 쌓아온 것들을 걷어내고 하나님께서 우리 안에 심어 두신 '참 자아'를 깨우게 된다. 하나님의 은혜로 우리는 이 땅에서 가장 자유로운 사람들 사이에 거하게 될 것이다. 그리고 더 이상 후퇴하지 않을 것이다.

'유아 축복식' 후 5년이 지나서야 나는 피터와 그때 느꼈던 고통과 절망에 대한 이야기를 나누었다. 관계에서 진실을 말하는 연습을 시작했기 때문에 우리는 존중하는 마음으로, 솔직하고도 분명하게 그리고 때에 맞게 대화를 나눌 수 있었다. 나는 눈물을 흘리며 그때 느꼈던 아픔을 쏟아 냈다. 그는 묵묵히 나의 이야기를 들어 주었다. 우리 둘 다 한 번뿐인 그 축복식을 다시 할 수 없다는 것을 알았다. 우리는 필요한 이야기들을 모두 나누었고 서로의 손을 붙잡았다. 피터는 내게 용서를 구했다. 마침내 우리 결혼 역사에서 이 고통스런 이야기는 건강하게 막을 내렸다.

우리가 스스로에게, 그리고 다른 사람들과 하나님께 솔직해질 때 비로소 엄청난 각성이 일어나기 시작한다. 이전에는 묻혀 있던 우리의 좋고, 나쁜 조각들이 이제는 수면 위로 떠오른다. 새로운 질문들도 일어난다. "나는 내 안에 있는 무엇에 대해 죽고 무엇에 대해 죽지 않아야 하는가?"

좋고 나쁜 것을 구별하는 것은 큰 주제이다. 다음 장의 '노(NO)라고 말할 수 있는 용기'가 이것에 대해 생각해 볼 수 있게 돕는다.

Chapter 4

노(NO)라고
말할 수 있는 용기

　　많은 그리스도인들이 만족감을 느끼지 못한 채 불행한 삶을 살고 있다. 그들은 좌절감을 느끼며 지쳐 있고 종종 억울해 한다. 서서히 탈진하면서도 무엇이 잘못되었는지 알아채지 못한다. 그들은 잘못된 일에 목숨을 걸고 있다. 잘못된 일에 자신을 부인한다는 것은 하나님 안에 있는 자신만의 독특한 삶을 성숙시키는 하나님의 은사와 기쁨을 스스로에게서 빼앗는 것을 의미한다.

우리 영을 충만하고 살아 있게 하는 활동들(음악, 춤, 글쓰기, 예술, 천문, 야외활동 등)을 평가절하하고 한쪽으로 치워버릴 때 우리는 자신을 돌보지 못하게 된다. 중요한 관계를 무시하거나, 자기 자신이 지칠 정도로 누군가를 돌보거나, 자신이 선호하는 것을 정직하게 말하지 못하거나, 항상 다른 사람들의 의견에 따를 때도 마찬가지다.

이처럼 자아 존중감이 부족하게 되면 잘못된 일에 자신을 부인하게 된다. 이는 하나님의 형상으로 만들어진 우리 자신의 존엄함을 붙잡지 못했음을 반영하는 결과이다. 그러면 고통을 초래하는 왜곡으로 쉽게 이어지고, 그리스도를 위해 우리 삶을 내려놓는다는 의미를 잘못 적용하는 데로 나아가게 된다.

교회를 떠난 그날

나는 대학교 1학년 교환학생으로 영국에 가 있었을 때, 그리스도의 제자가 되겠다고 헌신했다. 그 당시 나는 인생의 중요한 목표를 가지게 되었는데, 곧 그리스도가 나를 희생적으로 사랑하신 것에 대한 반응으로 나 또한 그분을 사랑하고 섬기겠다는 것이었다. 나는 다음의 말씀을 인생의 모토로 받아들였다. "누구든지 나를 따라오려거든 자기를 부인하고 자기 십자가를 지고 나를 따를 것이니라"(눅 8:34).

미국으로 돌아온 후에는 다니던 대학의 기독교 리더십에 깊이 관여하게 되었다. 소그룹을 인도했고, 각종 이벤트들을 기획했으며, 관심을 가지고 여러 친구들에게 다가갔다. 피터와 나는 종종 농담 삼아 우리의 전공은 기독교학인것 같다는 말을 주고받기도 했다. 그만큼 학과 공부보다는 사역에 열심이었다.

대학을 졸업하고 고등학교에서 2년 간 학생들을 가르친 후에는 3년 동안 IVF(InterVarsity Christian Fellowship)에 몸담았다. 그곳의 간사로 있으면서 러트거스대학과 뉴저지의 여러 대학 학생들을 섬겼다. 그렇게 수년 간 학생들에게 내 모든 것을 온전히 내어 주자 나는 몹시 지쳐 버리고 말았다. 하지만 당시 피터와 막 약혼을 했고, 희망에 들떠 있었다. 우리의 결혼 생활이 새로우면서도 지금보다는 덜 힘든 인생의 새 장이 되리라 기대했다. 내 인생 길에 그런 지진과 해일이 오고 있을 줄은 꿈에도 생각할 수 없었다.

결혼 후 5개월이 지났을 때 피터의 비전을 따라 중앙아메리카로 가서 스페인어를 배웠다. 피터는 뉴욕으로 돌아가 교회를 개척할 작정이었다. 나는 피터와 결혼하는 것 외에는 딱히 개인적인 비전이 없었다. 보통 10명의 자녀들을 거느리고 영어라곤 전혀 통하지 않는 가난한 이웃들이 있는 중앙아메리카로 그렇게 떠났다. 맙소사, 10명의 아이들이라니!

코스타리카에서 1년 정도 머무른 후 우리는 뉴욕으로 돌아왔다. 집으로 돌아온 달에 나는 첫째 딸을 출산했고 피터는 가르치는 일에 몰두하며 뉴 라이프 펠로십 교회 개척을 위한 기초를 다지고 있었다.

그 후 8년은 정말 많은 일들이 정신없이 이어졌다. 손이 많이 가는 어린아이들을 양육해야 했고, 집으로 찾아오는 새로운 사람들도 맞아야 했고, 위기에 처한 사람들을 구해내야 했으며, 교회 개척에 따르는 끊임없는 요구들도 해결해야 했다. 그와 동시에 나의 내면은 서서히 죽어가고 있었다.

분명히 내 삶의 모토 - "누구든지 나를 따라오려거든 자기를 부인하고 자기 십자가를 지고 나를 따를 것이니라" - 는 잘못 이해되고 그르게 적용되어 이제는 나를 죽이는 모양새가 되고 있었다. 육체적, 정서적으로 피곤했고, 사역의 양적인 면에서는 온 세상을 얻었을 지는 몰라도 내 영혼은 피폐해지고 말았다.

한때 외향적이었던 내 모습은 온데간데없었다. 갈수록 더 우울해졌고 할 수 있는 한 사람들을 피하고 싶은 마음만 커졌다. 나의 비참함은 점점 심해져서 나 자신을 인식할 수 없는 지경에까지 이르렀다. 이때가 내가 교회를 관둔 시점이다. 피터와 나에게는 교회와 결혼 생활, 영혼의 혼란스러움을 해결해 줄 누군가가 절박하게 필요했다.

어느 지혜로운 상담사의 지도 아래 나는 내 핏줄을 따라 흐르는 생명의 기운을 조금씩 느끼기 시작했다. 그것은 내가 진짜로 느끼고 생각하는 바를 표현해도 괜찮다는 허락 같은 것이었다. 나는 내 안에 있는 분노와 상처, 피로감을 조금씩 드러내기 시작했다.

"네, 그런 기분이 들 수 있어요." 우리의 상담가가 말했다.

"제리, 다음과 같은 원리에 대해 생각해 본 적 있나요? 자기 자신을 사랑하는 분량만큼만 다른 사람들을 제대로 사랑할 수 있다는 것 말이에요." 그의 말들은 마치 메마른 내 영혼에 생명수를 붓는 것 같았다. 고통스러웠지만 진실은 점점 분명해지기 시작했다.

"아마도 전 잘못된 일에 제 자신을 부인하며 살아왔던 것 같네요. 주님이 결코 버리라고 한 적이 없었던 저의 부분들에서 말입니다. 우리가 겪고 있는 고통의 대부분은 어쩌면 복음을 위한 것이 아니었던 것 같아요.[1] 어쩌면 그것은 우리가 어리석고 무지하기 때문에 벌어진 일인 것 같아요!"

이런 생각은 내 마음에 깊은 울림이 되었다. 정말 나는 잘못된 것에 나 자신을 버려 왔던 것일까?

착하고 사랑이 충만한 그리스도인?

처음 그리스도인이 되었을 때 착하고 사랑이 많은 그리스도인이 되어야 한다고 배웠다. 이런 메시지는 영적으로 나를 빚어 온 기독교의 기저 문화에 의해 형성되고 권장되었다.

나는 어떤 대가를 치르더라도 착하고 사랑이 충만한 그리스도인이 되길 원했다. 그리고 어리석게도 이 착하고 사랑이 충만한 그리스도인의 모습이 사람들이 흔히 말하는 다음과 같은 다섯 가지 특징을 지니는 것이라고 굳게 믿었다. 절대로 '아니오'라고 말하지 않고, 늘 활동적으로 사람들과 만나며, 수많은 일들을 불평 없이 능숙하게 다루고, 일을 잘하며 자신보다 이웃의 필요를 우선시하는 것이다.

그들은 절대 '아니오'라고 말하지 않는다

나는 하나님의 손으로부터 비롯된 강력하고 성경적인 은사 가운데 하나인 '한계(limits)의 원리'[2]를 이해하지 못했다. 하나님은 인간을 포함한 모든 살아 있는 것들의 한계와 영역을 정해 두셨다. 우리는 일주일 내내 24시간 쉬지 않고 일하는 기계로 창조된 것이 아니다. 우리의 몸과 정신에는 쉼이 필요하고 잠도 충분히 자야 한다. 우리는 자신의 나이나 성격, 결혼 여부, 자녀들, 은사, 교육, 원가족 (family of origin), 경제 상태 등에 따라 특정한 한계들을 가지고 있다.

그럼에도 불구하고 나는 어떤 요구가 내 삶의 여정에 다가오면 그것을 반드시 응해야 할 하나님의 뜻이라고 확신했다. 그런 일들은 두말할 필요도 없이 옳은 일이 되었다. 그 요구들을 충족시키지 못하면 죄책감이 들었다.

대개 이런 식의 대화 같은 것이었다.

친구: "제리, 가는 길에 나 좀 집에 태워 줄 수 있어?"

나: "물론이지!"(나와 가는 방향이 다르거나 몹시 지쳐 있을 때 조차)

교인: "사모님, 이번 주 주일 학교 좀 맡아 주실 수 있으세요? 어제 세 살 먹은 아들 녀석 때문에 잠을 제대로 못 잤어요. 몸 상태가 별로 좋지 않네요."

나: "물론이죠!(우리 집 아이들 때문에 너무 지쳐서 탈진 상태일 때조차)

남편: "여보, 오늘 저녁에 손님을 데려가고 싶은데 괜찮아요?"

나: "물론 좋죠!"(우리끼리만 먹고 싶을 때조차)

요구 사항이나 필요가 무엇이든지 간에, 내가 얼마나 지치고 시장하고 허전하든지 간에 나는 착하고 사랑이 충만한 그리스도인은 '아니오'라고 말해서는 안 된다고 믿었다.

그들은 사람들과 활발한 만남을 가진다

사람들과 활발하게 교류하면서 좋은 것과 사랑스러움에 대한 나의 감각도 어긋나 있었다. 나는 은연중에 다음과 같은 잘못된 생각을 했다. '사람들로부터 많은 초대를 받고 있다면 나는 좋은 그리스도인이야.'

더 많은 모임에 참석할수록 스스로에 대한 느낌도 좋아졌다. 결과적으로 이런 약속과 초대들은 내게 끔찍한 짐이 되어 돌아왔다. 모든 약속과 초대에 대해 '네'라고 말해야 할 것처럼 느껴졌기 때문이다. 유한한 인간이 참석할 수 있는 생일 파티나 축하 파티, 졸업식, 결혼식, 오찬, 만찬, 교회 행사들이 기껏해야 얼마나 되겠는가? 혼자 있는 시간이 절실함에도 불구하고 교회나 가족 친지들, 그리고 네 명의 아이들에 대한 사회적 의무를 위해 빽빽한 스케줄을 소화했다. 그건 정말 재앙으로 이르는 지름길과 같았다.

그들은 많은 일들을 불평하지 않고 해낸다

이런 일들이 내 영성에 대한 실전 시험처럼 느껴졌다. 문맥을 무시한 채 성경 말씀만 가지고 와서 '내게 능력 주시는 그리스도 안에서 이 모든 것들을 할 수 있다'(빌 4:13)라고 스스로에게 되뇌었다. 그리고 아무런 불평 없이 그 일들을 해냈다!

솔직히 말하자면 결국 불평할 수밖에 없었지만 직접적이거나 분명하게 불평하지는 않았다. 나는 "우리 삶이 걷잡을 수 없는 지경에 이르렀고, 더 이상 이렇게 살고 싶지는 않아"라는 것을 인정할 수 없었다. 대신 나를 화나게 한 사람들을 피하거나 혼자서 끙끙거렸다. 대개는 당사자에게 직접 찾아가기보다 제삼자에게 불평을 쏟아냈다.

결국은 삶의 여러 난제들에 나 자신이 압도되고 말았다. 거기서 탈출하기를 간절히 바랐지만 어떤 행동도 취할 수 없을 만큼 나 자신이 무력했다. 좌절감을 누군가에게(대개는 남편에게) 넘겨주려고 애도 썼다. 이런 상황에서 우울증에 빠져드는 건 어찌 보면 너무나 당연한 결과였다.

어찌 보면 난 바빠질수록 더 영적이고 거룩해져야 한다고 믿었던 것 같다. 내가 시간 사용에서 이타적이고 희생적이 되면 더 많은 사랑을 받고 주는 존재가 될 것이라고 생각한 것이다. 사도 바울은 많은 일들을 해낸 것처럼 보였다. 예수님도 그러셨다. 또한 당시 내가 알고 있던 이른바 성숙한 여성 그리스도인도 그랬다.

한번은 어떤 기독교 지도자로부터 죽기 전까지 가능한 많은 일들을 하고 싶다는 말을 들었다. 그는 "지금은 내가 할 수 있는 한 최선을 다해서 열심히 일할 겁니다. 천국에 가면 쉴 시간이 엄청나게 많잖아요"라는 말도 덧붙였다. 나는 열심히 일했다. 문제는 내가 너무 지치고, 원망과 분노에 차 있었다는 것이다.

그들은 자신보다 이웃의 필요를 우선시한다

내가 지향한 그리스도인의 삶을 한마디로 요약하자면 'JOY'였다.

Jesus first(예수님을 첫째로)
Others second(이웃을 둘째로)
Yorself third(나 자신을 셋째로)

나는 항상 남편이든 아이들이든 이웃의 필요를 내 것보다 우선

시했다. 비록 편협하긴 했지만 나름대로 이해한 바울의 명령을 따라 살려고 노력했다. "… 오직 겸손한 마음으로 각각 자기보다 남을 낫게 여기고 각각 자기 일을 돌볼 뿐더러 또한 각각 다른 사람들의 일을 돌보아…"(빌 2:3-4).

문제는 그렇게 사는 것이 맘처럼 쉽지 않았다는 것이다. JOY의 원리대로 살수록 점점 더 비참해질 뿐이었다. 그리스도가 주시는 내 영혼의 진정한 기쁨은 서서히 고갈되어 갔다.

두 가지 긴장

신앙생활을 처음 시작했을 때, 나의 영성 형성은 주로 타락과 죄에 초점이 맞춰져 있었다. 하나님의 형상을 품은 인간으로서 고유한 개인 안에 숨겨져 있는 하나님의 선한 씨앗에 대해서는 거의 거론되지 않았다. 인간의 마음은 거짓된 것일 뿐 결코 믿을 만한 게 못 된다고 생각했다.

물론 우리 존재의 모든 부분들은 결함 투성이며 죄로 인해 심각하게 훼손되었다. 그럼에도 불구하고 우리 안에 있는 하나님의 형상으로 인해 모든 인간 안에는 선한 면도 함께 존재하고 있다. 모든 인간이라 함은 종교적으로 오만한 사람, 범죄자들, 노숙자들은 물론이고 당신과 나도 포함된다.

헨리 나우웬은 이에 대해 다음과 같이 묘사하고 있다.

> 아주 오랫동안 낮은 자존감이 일종의 미덕이라고 여겼다. 교만과
> 자만심은 늘 경계의 대상이 되어 왔고 자신을 비난하는 낮은 자존
> 감은 좋은 것이라고 여겨졌다. 하지만 지금에 와서 깨닫게 되는
> 것은 진짜 죄는 나를 향한 하나님의 첫사랑을 부인하는 것이다.
> 그것은 내가 지닌 본래의 선함을 무시하는 것이다. 왜냐하면 나
> 자신을 위한 본래의 선함과 그 첫 사랑을 주장하지 않고는 나의
> 진정한 자아와 접촉할 수 없기 때문이다. 그것은 내 아버지의 집
> 에서만 찾을 수 있는 것이며 잘못된 장소와 잘못된 사람들 사이에
> 서 하는 파괴적인 수색으로는 결코 발견될 수 없다.[3]

균형을 잃은 성경 신학은 이 두 가지 긴장감을 함께 붙잡을 수
없고 옳은 것과 그른 것에 자신을 부인하는 것에 대해 각종 혼란을 야
기할 뿐이다.

잘못된 것으로부터 '나'를 부인한다는 것

이처럼 잘못 인도된 신앙 때문에 나는 잘못된 일에 스스로를 죽
였다. 나는 이웃의 요구를 내 필요보다 우선시하는 것이 나를 부인하
는 것이라 믿었다. 또한 남편과 자녀들, 교회의 요구 앞에서 자신을
희생해야 했고(그릇된 이해에서 비롯된 것이지만), 나의 희생을 요구하는

이웃들을 위해 나를 죽여야 했다.

우리 집 맞은편에는 여섯 아이들을 키우며 생활보호 대상자로 살아가는 어린 싱글맘이 있었다. 나는 끊임없이 그녀를 도와야 한다는 부담을 갖고 있었다. 장을 보도록 마트에 태워다 주는 일이든, 그 집 아이들을 돌보는 일이든, 옷이나 경제적인 도움을 주는 일이든지 말이다.

옆집에 사는 마약 밀매상들은 주기적으로 내 인내와 이기심, 사랑을 시험했다. 우리는 마약을 사러 오는 사람들의 자동차 경적소리 때문에 한밤중에도 자다 깰 때가 많았다. 주인이 잠이 드는 낮 시간 동안에는 그 집 개들이 몇 시간 동안이나 짖어댔다. 그들은 우리 집 문을 두드리며 돈을 달라고도 했다. 또한 늦은 밤 시간, 윤락녀들과 소리를 지르며 싸울 때는 이 상황이 어서 빨리 끝나기를 바라며 깨어 있을 때도 있었다.

이처럼 매일 산처럼 밀려드는 수많은 요구들과 맞닥뜨릴 때마다 나는 이 모든 것들에 대해 불평 없이 '네'라고 말해야 한다는 의무감을 느꼈다. 그리고 이런 일들을 경험하면서 일종의 죽음을 경험했다. 하지만 이것이 자기부인은 아니었다. 오히려 은사의 주(主)시며 나를 초대하시는 하나님을 잘못 버리는 것이었다.

어리석게도 나는 자연(하이킹, 호수, 바다, 산)이 주는 기쁨과 사랑을 저버렸다. 캠핑을 정말 좋아하지만 빡빡한 사역 일정과 캠핑을 싫어하는 남편 때문에 자연에 대한 사랑을 저버리고 말았다. 무려 17년 동안이나 말이다. 우리 집 뜰에 예쁜 나무 한 그루가 있긴 했지만 전원과는 거리가 멀었다. 바닷가 근처 친정에서 정기적으로 여름휴가를 보내던 일이 줄어들면서 내 영혼은 위축되고 내 안의 원망들이 자라났다. 비록 뉴욕 퀸즈에 살긴 했어도, 그리고 수많은 일들을 해야 했어도 하나님은 내게 자연과 전원에 대한 사랑을 버리라고 요구하신 적이 없었다.

또한 나는 침묵과 고독에 대한 필요도 저버렸다. 처음 몇 년 간은 혼자서 아이들을 돌보는 것 때문에 거의 기진맥진할 정도였다. 고속도로 옆에 살았을 때는 어쩔 수 없이 밤낮 없이 쌩쌩 달리는 차들의 소음을 견뎌야 했다. 끊임없는 소음 가운데서 많은 사람들이 우리 집을 제 집처럼 들락날락했기에 나를 위한 자그마한 방이라도 있었으면 하고 바랐다.

나는 심지어 가족들도 저버렸다. 교회 때문에 중요한 가족 행사를 건너뛰기 일쑤였고 조카들과 자매들, 이모들과 함께 떠나는 '여자들만의 주말'(Womens Weekend)도 매번 놓쳤다. 결혼식은 물론이고 주말 행사들도 늘 빠졌다. 남편이 나를 위해 일정을 다시 맞춰 줄 수 있는지 물어볼 만큼 스스로에게 가치를 두지 않았던 것이다. 그릇된 믿음 때문에 그렇게 하는 것이 그리스도에 대한 헌신이라 생각했다. 마치 순교자처럼 순순히 내 상황에 항복한 것이다.

개인적인 성장을 위해 노력하는 일도 저버렸다. 나의 은사 가운데 하나였던 리더십을 계발하거나, 공부를 이어가는 노력을 하지 않왔다. 그래서 앞에 나서기보다는 항상 보조적인 역할만 했다. 그것은 하나님의 부르심에서 비롯된 것이 아니었다. 오히려 나의 가족과 교회 문화가 기대하는 성 역할에 따른 것이었다.

마지막으로 피터와 나는 훌륭한 결혼 생활도 저버렸다. 우리는 무엇을 놓치고 있는지조차 몰랐다. 성숙하고 친밀하며 서로를 만족시키는 결혼 생활이 되기 위해서는 시간이 필요했다. 그것도 아주 많은 시간이 말이다. 하지만 우리는 훌륭한 결혼 생활을 만들어가는 것이 무엇을 말하는 것인지 몰랐고 이를 위한 어떤 훈련도 받지 못했다. 또한 우리 주변에는 보고 따라야 할 모델도 거의 없었다. 우리는 단지 교회에서 이웃을 사랑하는 일에만 몰두했다. 그렇게 결혼 생활의 8년을 하나님이 우리에게 주신 기쁨도 모른 채 낭비하고 말았다.

이처럼 주님이 우리에게 요구하지 않는 잘못된 일들을 한 적이 있는가? 피터와 나는 잘못된 것에 우리를 부인하고 있는 건 아닌지 분별하기 위해 정기적으로 "성찰의 기도서"(The Prayer of Examen)를 사용한다. 몇 분 동안 침묵한 후 스스로에게 묻는다. "이번 한 주 언제 가장 살아 있다고 느꼈는가? 내 안에서 생명이 빠져나가는 것처럼 느꼈던 때는 언제인가?"[4]

잘못된 일에 자신을 부인하면 우리는 궁극적으로 불순종의 자리에 이르게 된다. 한 유대인 랍비가 이에 대해 잘 표현한 글이 있다. "우리 유대인들에게는 성경을 연구하는 것이 그것에 순종하는 것보다 더 중요하다. 왜냐하면 성경을 올바르게 이해하지 못하면 그릇된 순종으로 이어지고 그 순종은 결국 불순종이 되기 때문이다."[5] 그의 주장이 다소 과장된 면이 있기는 하지만 잘못된 것이 아닌 옳은 일에 목숨을 거는 것은 신앙생활에 있어서 가장 본질적인 것이 된다.

옳은 일에 목숨을 걸다

하나님은 우리 영혼에 생명을 주는 부분들을 버리라고 요구하지 않으신다. 예를 들어 다윗은 시와 음악에 대한 사랑을 포기할 필요가 없었다. 어마어마한 압박 아래 분주하게 살아가는 왕으로서 그는 시를 쓰는 데 많은 시간을 보낼 수 없었을 것이다. 하지만 시 쓰는 일을 멈추지 않았던 그의 결정으로 인해 우리는 오늘날까지 많은 혜택을 받고 있다.

하지만 우리는 가십이나 거짓말, 도둑질, 탐심 등과 같은 보다 명백한 죄악뿐 아니라 우리 안의 악한 부분(방어적인 모습, 교만함, 위선, 판단하는 영, 주님을 빼고 우리 존재의 존엄과 가치를 찾는 일)에 대해서는 마땅히 죽어야 한다. 다윗은 하나님이 아닌 자신의 군사적 힘을 믿었고, 다른 사람들이 뭐라고 생각할지 염려하여 거짓말을 했다.[6] 그는 이런 것들에 대해 자신을 부인해야 했다.

만약 우리가 변화되길 바란다면 우리 삶의 표면 아래 묻혀 있는 많은 것들을 파내야 할 것이다. 몸에 깊이 배어 있는 부분들에 맞서 그것들을 없애야 한다. 이것은 우리가 자유와 진리, 그리스도의 사랑으로 살아가기 위해서 반드시 통과해야 할 불가피한 과정이다.

예를 들어 나는 방어적인 모습과 사람들 사이에서 느끼는 수치심을 극복해야 하고, 비난하는 영, 모든 것이 옳아야 한다는 것, 상처받을 것에 대한 두려움과 약함에 대한 공포, 사람들의 인정을 구하는 마음을 버려야 한다. 지금껏 살아오면서 실수나 취약함을 공공연히 인정한다는 것이 죽음보다 더 끔찍하게 느껴졌다.

다른 사람들 앞에서 나의 연약함을 드러내는 문제와 한참 씨름하면서 남편과 함께 거실 소파에 앉아서 울었던 일도 생각난다. 그것은 마치 바닥에 안전그물 없이 공중그네를 타는 서커스단원처럼 겁이 났다. 그런데 그 무서움 가운데서 나는 하나님의 세밀하고 희미한 음성을 들었다. "제리, 저 아래에 그물이 있잖아. 그것은 바로 복음이란다. 그리스도가 널 위해 죽었단다. 너는 그만큼 사랑받는 존재란다. 연약해도 괜찮아. 아무것도 증명할 필요가 없단다."

착하고 좋은 그리스도인이 의미하는 바에 대한 환상은 내 앞에서 모두 깨지고 말았다. 이제는 옳은 일을 위해 나 자신을 부인할 수 있게 되었다. 가령 자기 방어나 거절에 대한 두려움 같은 것이다. 그것은 다시 한 번 거듭나는 것 같았다.

'나'에 대한 재발견

'나'에 대해 죽는다는 것은 반대로 '나'를 얻는 것과 같다. 많은 그리스도인들의 문제는 자신을 소유하지 못한 채 자신을 희생하려는 데서 시작된다. 예를 들어 두려움이나 분노, 슬픔 등의 감정을 먼저 껴안지 못한 채 두려움이나 분노, 슬픔이 밀려오면 그것을 부인하려 한다는 것이다. 우리 안에 존재하는 어떤 감정이나 생각들에 대해서 하나님 나라에 속한 것이 아니라고 여겨지면 그것을 충분히 인정하지 못한 채 부인하려고만 애쓴다. 또한 스스로는 사랑하거나 존중하지 않으면서 이웃을 사랑하고 존중하려고 애쓴다.

수년 간 나에게 유익을 주었던 깨달음이 있었는데 그것은 내 안에 두 개의 세계(외적세계와 내적세계)가 존재한다는 인식이었다. 외적세계는 내가 관계하고 있는 사람들과 내 주위에서 벌어지는 일들이다. 나는 오감(보고 듣고 맛보고 냄새 맡고 만져서)을 통해서 이 외적세계를 경험한다. 내적세계는 생각이나 느낌, 소중히 여기는 것, 사랑하는 것, 믿음이나 동기 같이 내 안에서 벌어지는 일들을 말한다.

대다수의 사람들은 눈에 보이는 외적세계를 통해 삶을 인식하고 살아간다. 하지만 우리 삶의 압도적인 부분들은 이 내적세계에 상당한 영향을 받고 있다. 반면 이 내면세계를 알아차리고 일구는 데 필요한 충분한 성찰의 시간을 가지는 이들은 예상 외로 극소수에 불과하다.

자신을 부인해야 할 영역과 그렇지 않은 영역을 구분해 오면서 가장 중요하다고 여긴 부분은 자신을 아는 일에 힘쓰는 것이었다. 다음에 나오는 세 가지 앎은 부인하고 죽어야 하는 죄악 된 부분들을 들추는 데 도움을 주고, 아울러 북돋우고 성장할 필요가 있는 진정한 나 자신의 씨앗들을 선포하는 데 유용했다. 우리가 반드시 알고 살펴보아야 할 세 가지 기본적인(주된) 영역들은 우리의 마음과 우리의 이야기, 그리고 개성이다. 이는 자기 이해와 자기 인식에서 자라나기 위해서 반드시 필요한 것들이다.

자신의 마음을 알라

자신의 마음을 안다는 것은 주어진 그 순간 자신의 내면에서 일어나고 있는 광범위한(많은) 생각이나 느낌에 주의를 기울이는 것을 의미한다. 전 유엔 사무총장이었던 다그 함마르셸드(Dag Hammarskjöld)는 우리 앞에 놓인 이 도전을 다음과 같이 묘사했다. "우리는 외적세계를 탐험하는 데 이미 능숙해져 있지만 우리 자신의 내면세계를 탐구하는 데는 비슷한 기술조차 개발하지 못했다. 사실 우리의 가장 오랜 여행은 내면으로의 여행이다."

우리의 마음 또는 내면세계를 나타내고 있는 아래의 원을 살펴보도록 하자.

자아

여러 가지 생각들
다양한 느낌들
이런 저런 판단들
여러 소망들
두려움들
믿음들

우리의 생각과 느낌에 따라 내적 자아의 모습이 결정된다. 갈망, 선호하는 것, 두려워하는 것, 신념들, 가치들, 감정들, 생각들 모두가 우리 자신의 모습이며, 이 모든 것들이 자신의 모습을 형성한다.

잠시 책에서 눈을 뗀 후 몇 분 간 내가 두려워하는 것이 무엇인지, 또는 좋아하는 것, 가치 있게 여기는 것이 무엇인지 생각해 보라. 일기를 써보는 것도 좋다. 이렇게 해 보면 자신이 정말 누구인지 더 잘 발견할 수 있게 될 것이다. 마음의 깊은 곳을 아는 일은 결코 쉽지만은 않다. 그것은 노력이 필요하고 때로 고통스런 과정이 요구된다. 성령님께 자신을 솔직하게 열어 보이고 자신을 성찰할 시간을 가져야 한다.

내가 만나는 많은 사람들처럼 정말로 가치를 두었던 것(가장 중요하다고 생각했던 것)들은 내 무의식 속에 숨겨져 있었다. 긍정적으로 가치를 둔 것들(내가 좋아했던 것들)에 대해 확신이 없었기 때문에 부정적인 가치들(내가 좋아하지 않는 것들)로 나를 규정하기 시작했던 것이다.

"좋아하지 않는 것은 무엇일까?" 이 질문을 곰곰이 생각하며 일기를 쓰기 시작했다. 다음은 그때 당시 질문에 대한 답으로 적었던 것들이다.

- 나는 화난 사람들과 가까이 하고 싶지 않다.
- 나는 '아니오'라고 말하는 것을 좋아하지 않는다.
- 나는 사람이 붐비는 곳을 좋아하지 않는다.
- 나는 혼자서 아이들을 양육하는 것이 싫다.
- 나는 쉬지 않고 일만 하는 사람과 같이 사는 것이 싫다.
- 나는 바쁜 것이 싫다.

그 뒤 나 자신에게 보다 더 어려운 질문을 던졌다. "내가 가치를 두는 것은 무엇일까?" 나에게 소중한 것은 무엇일까? "나의 소망, 기호, 즐거움은 무엇일까? 나에게 진정한 기쁨을 가져다주는 것은 무엇일까?"

이전에 적어둔 바에 따르면 내가 잘못 이해하여 부인했던 수많은 것들이 내 안에서 살아났다. 그것은 침묵과 외출, 친밀한 결혼 생활, 창조성, 그리고 새로운 장소에 가고 싶은 갈망 같은 것이다.

내가 정말 소중하게 여기는 것이 무엇인지 알아차리는 데는 시간이 걸린다. 우리 마음에서 어떤 일이 벌어지고 있는지 깨닫지 못하면 종국에는 자기 자신과의 연결에서 끊어지게 된다. 그리고 자신과의 연결에서 실패하면 자신도 모르는 사이 하나님의 영을 의지하지 않게 된다. 사실상 영적으로 성장할 수도 없고 사랑할 수도 없게 된다.

마음을 알려면 하나님의 임재 안에 머물러야 할 뿐 아니라 자신의 행동이나 반응, 동기, 느낌, 생각들에 대해 다소 어려운 질문들을 던져야 한다. 내가 겪었던 다음의 일은 이런 과정을 잘 보여 주고 있다.

이웃집에 개 한 마리가 있는데 그 개는 밤 11시 30분만 되면 짖어댄다. 나는 침대에 누워 '언젠가는 저 소리가 멈추겠지'라고 중얼거려 보지만 개 짖는 소리는 도무지 그칠 기미가 보이지 않았다. 난 어쩔 수없이 그 집 대문을 두드렸다. 영어를 할 줄 모르는 중년의 여인이 현관문을 열었다. 그러고는 곧 통역을 해줄 13세 딸을 깨웠다.

"마당에 있는 너희 개가 계속 짖고 있는 소리가 들리지 않니? 지금 거의 자정인데 말이야. 부탁인데 개를 집 안으로 좀 들이면 안 되겠니?" 나는 화가 나서 따졌다. 딸이 엄마에게 통역을 해주었다.

"우리도 겁이 나서요." 아이가 대답했다. 그 엄마도 머리를 끄덕이며 동의하는 모습이었다.

"뭐라고? 자기 개를 무서워하는 사람이 어디 있니?" 나는 기가 차서 대꾸했다. 그러자 즉각적으로 성령님께서 말씀하셨다. "너도 너희 개가 너무 커져서 겁이 난 적이 있잖아." 그건 사실이었다.

그 순간 그들에게 뭐라고 대꾸할 말이 없어서 집으로 돌아왔다. 개도 결국 짖기를 멈추었다. 나중에 알고 보니 개를 집 안으로 들여줄 용감한 친척을 불렀다고 했다.

다음날이 되어 지난 밤 일을 곰곰이 반추하고 있는데 하나님께서 내 마음을 부드럽게 만지셨다. 비록 자정이 지난 시각이긴 했지만 그들은 자기 집 개를 무서워하는 멍청한 사람들이 아니었다. 그런 상황에서 어떻게 할 수가 없었던 것이다. 마치 그들이 멍청하다는 듯 대했던 나의 소통 방법이 잘못된 것이었다. 나는 내가 뭘 해야 할지 알았다. 그래서 다음날 그 집으로 다시 찾아가 사과를 했다.

이 일은 자신의 반응에 주의를 기울임으로써 일어난 일이었다. 그리고 내 마음에 정말 무슨 일이 일어나고 있는지 정직해졌기에 가능한 일이었다. 하나님은 건강한 화에 대해서는 없애라고 요구하지 않으신다. 하지만 나는 또한 내 마음이 어떻게 반응하고 있는지(상대방을 비판하는 마음)에 대해서 정직해져야 했다. 나 역시 우리 집 개를 무서워한 적이 있으면서 자기 개를 무서워하는 그들을 대하는 나의 거들먹거리는 태도는 위선의 절정이었다. 우리가 정직하지 않거나 마음을 아는 일에 단호하지 않을 때 놀라운 변화를 경험할 기회들을 놓치게 된다.

자신의 스토리를 알라

인격이 형성되는 성장기는 마치 굳지 않고 흐르는 시멘트와 같아서 가족이 주는 영향력이 깊이 무의식 안에 각인된다. 이렇게 새겨진 것들은 결국 딱딱하게 굳어져서 쉽게 바뀌지 않는다. 다만 나이가 들수록 그 영향력의 깊이를 깨닫게 될 뿐이다.

나의 원가족은 내게 많은 긍정적인 유산들을 주었다. 이는 내가 마음 깊이 감사하게 여기는 부분이다. 그중에는 가족의 중요성, 하나님을 믿는 믿음, 가난한 이들에 대한 세심함 등도 있다. 하지만 불행하게도 약간의 부정적인 유산들도 물려받았다. 예를 들어, 갈등 상황을 다루거나 유쾌하지 않은 감정이 일어날 때 써먹게 되는 방법들이 그다지 도움이 되지 않는다. 이런 유산들은 성인이 되어서까지도 이어졌다. 그리고 결혼 생활과 양육 방식, 사람들과의 관계 등에 부정적인 영향을 끼쳤다.

우리가 그리스도의 가족이 되었다고 말하면서 여전히 어린 시절에 익힌 건강하지 않은 삶의 방법들을 고집한다면 우리 자신을 속이고 있는 것이다. 빈정댐이나 방어적인 태도, 완벽주의, 보복(앙갚음), 쓴 뿌리, 판단하는 마음, 용서하지 않는 마음 같은 것들은 예수님의 가족 안에 속하지 않은 것들이다. 우리는 자신의 스토리들을 면밀히 살펴서 좋은 것은 고수하고, 그렇지 않은 것은 용기 있게 인정하고 바꾸어야 한다. 그래야만 옳은 일에 헌신할 수 있다.

가족들로부터 물려받은 유산들을 곰곰이 짚어보는 것에 더해 인생에 큰 영향력을 끼쳤던 사람들에 대해서 생각해 보는 것도 중요하다. 운동 코치나 멘토, 목사님, 선생님들 같은 이들이다. 아마도 운동 코치들은 끊임없이 "이기는 게 능사지"라고 말하며 최고의 운동선수가 되라고 스트레스를 주었을지도 모르겠다. 그러면 성인이 된 지금, 삶의 여러 영역에서 완전히 실패했을 때 스스로를 비난하지 않고 일의 차질이나 실패, 실망들을 받아들이지 못할 수도 있다. 우리는 인간성의 한계를 넘어서는 말씀을 받아들일 때 자신은 죽고 그리스도를 따른다는 것이 무엇을 의미하는지 혼란을 느낀다.

자신의 영적 여정을 돌아보는 것 또한 매우 중요하다. 예를 들어 나는 긍정적이면서도 동시에 부정적으로 복음적 기독교에 의해 빚어져 왔다. 긍정적인 면은 그리스도와의 개인적(인격적) 관계, 복음의 은혜, 성경 말씀에 대한 사랑, 세상을 향한 하나님의 마음, 그리고 성령 하나님의 능력 같은 즐거움에 대해 배운 것이다. 반면 부정적인 면은 어떤 면에서 내가 죽어야 하는지 배운 것이다. 가령 나의 한계를 뛰어넘는 것들, 나의 연약함을 무시하는 것, 화난 감정이나 슬픔, 두려움, 다른 사람들의 영적 여정을 판단하는 마음, 나의 상처를 인정하지 않으려는 것 같은 어려운 일을 회피하는 것이다. [7]

자신이 살아온 삶을 되돌아볼 때 어머니로부터 수없이 들었던 삶의 교훈(메시지)은 무엇이었는가? 아버지로부터 들은 것은? 선생님이나 코치, 초기 양육자로부터 받은 메시지는? 그렇다면 이런 메시지들에 대해 하나님께서는 뭐라고 말씀하시는지 생각해 보라. 이런 것들에 대한 의식들이 우리가 옳은 것과 그릇된 것을 부인하는 것을 아는 데 어떤 도움을 주는가?

나란 존재는 정말 누굴까? 무엇이 나에게 생명을 주는가? 나를 지치게 하는 것은 무엇인가? 어떤 상황에서 나의 방어기제가 작동하게 되는가? 언제 자기 방어적으로 되는가? 내 호기심을 자극하는 것은 무엇인가? 나를 열 받게 하는 것은 무엇인가?

대다수의 사람들은 자신이 누구인지 알고 있다고 생각하지만 사실은 그렇지 않다. 성격 검사는 심오한 자기 이해에 대한 정확한 정보를 제공해 주지 않는다. 이런 검사에서 우리가 얻게 되는 통찰은 내가 무엇에 대해 죽어야 할지 또는 죽지 않아야 할지에 대해 훌륭한 영감을 조명해 준다는 것이다.

성격 특성표나 검사들은 사람들이 가진 다양한 성격만큼이나 엄청나게 다양하다![8] 어떤 성격 검사를 받든, 거기서 우리에 대해 뭐라고 말하든 자신의 성격 이해와 관련해서 크게 두 가지 두드러진 특성들이 있다. 우선 자신이 내향적인 사람인지 외향적인 사람인지의 여부이고, 다음은 자기 가치를 지키려는 노력에서 하나님의 사랑을 대체하려는 유혹을 받고 있는 자신을 이해하는 것이다.

당신은 내향적인 사람인가, 외향적인 사람인가? 내향성과 외향성은 우리에게 동력을 공급하는 것이 무엇인지에 관한 것이다. 외향적인 사람들은 외적세계에서 다른 사람들과 함께 있음으로써 에너지를 얻는다. 반면 내향적인 이들은 홀로 있음과 내면세계로부터 에너지를 얻는다.

나는 항상 스스로가 매우 외향적인 사람이라고 생각했었다. 왜냐하면 대인관계에 능숙했고, 새로운 사람들과 만나는 것을 좋아했으며, 여러 사람들과 같이 어울리는 것이 좋았기 때문이다. 하지만 처음으로 성격 검사를 받고 내가 내향적인 성향을 지닌 적당히 외향적인 사람이라는 결과를 들었다. 그 순간을 절대로 잊을 수 없을 것이다. 나는 정신이 멍했지만(할 말을 잃었지만) 동시에 일종의 해방감 같은 것도 느꼈다. 계속해서 사람들을 만나거나 그들과 부대꼈을 때 종종 밀려들었던 피로감과 우울함이 약간은 이해가 되었던 것이다.

네 딸들이 유치원을 다닐 때 나 혼자만의 시간이나 공간을 가지지 못했을 때도 마찬가지였다. 고독과 침묵 같은 내 마음의 갈망이 입증되고 확인되었을 때 나는 정말 기뻤다.

나란 사람은 사람들과 함께하는 시간과 홀로 있는 시간의 양이 비슷할 때 에너지와 창조성이 흘러나오는 것이었다. 이것은 내 삶을 재편성하는 동력(자극제)이 되었다. 혼자 있는 시간을 가짐으로써 내 영혼에 필요한 재충전의 시간을 준 것이다.

당신에게 가치와 자긍심을 주는 근원은 무엇인가? 이것은 당신이 어떻게 사랑과 용납을 느끼는지, 그리고 무엇을 통해 유능함을 경험하는가와 관련이 있다. 당신이 무엇을 통해 자기 가치와 자긍심을 얻는지 알 수 있도록 도와주는 두 가지 질문이 있다.

당신에게 중요한 것, 또는 의미 있는 것은 무엇인가? 당신의 행동을 결정하는 주된 두려움은 무엇인가? 나의 경우, 일을 할 때 바르게(정확하게) 처리하는 것이 무엇보다 중요하다. 뭔가를 해야 해서 하면 그것은 나쁜 것이 아니었다. 나는 나의 가치나 자긍심에 대한 그리스도의 사랑에 의지하는 대신 그것에 의지했다. 이것은 내가 사랑하는 사람들에게 상처를 주는 그릇된 완벽주의로 이어졌다.

셀 수 없이 많은 유용한 성격 검사들이 있지만 내 생각엔 그리스도를 따르는 이들에게 애니어그램(Enneagram)만큼 효과적인 도구는 없는 것 같다. 1, 2, 3과 같은 번호로 매겨진 기본 아홉 가지 성격 유형들은 죄의 성향에 대해 보여 주는데, 우리의 행동을 유발하고 인생관에 영향을 미치는 주된 죄나 유혹이 무엇인지 알려 준다. 그것이 무엇인지 확인하고 나면 우리의 성격에서 죄 된 부분들에 대해 죽고 하나님이 주신 선물, 곧 자신의 독특함을 따라 보다 잘 살 수 있게 된다. 이것을 인식하게 되면 자신의 가치나 자존감을 하나님이 아닌 다른 어떤 것 또는 누군가에게 두었던 죄로부터 떠날 수 있게 된다[9].

다음에 나오는 애니어그램의 성격 유형에 대해 살펴보면서 자신을 가장 잘 묘사하고 있는 것이 어떤 것인지 생각해 보라. 그리고 기도하는 마음으로 오른쪽에 있는 그에 해당하는 해결책에 대해 숙고해 보라.

애니어그램[10]

아홉 가지 성격 유형	그리스도인의 가치와 자존감의 근원
1번 유형: 완벽주의자(올바르고 싶은 마음) 삶을 올바른 방법으로 살아가기를 원하고, 자신들과 다른 사람들을 개선시키려 하며, 감정을 억압하고 부정한다. 이들은 스스로를 잘 통제하며 열심히 일하고 책임감이 강하다. 그리고 항상 의무나 질서, 세상을 개선하려는 의식을 가진다.	자신의 완벽주의를 버려야 한다. 우리의 근원이신 그리스도가 계시므로 당신은 완벽하거나 항상 옳을 필요가 없다. 자신의 실수나 다른 사람들의 실수에 대해 용서할 필요가 있다. 긴장을 풀고 자신을 즐겨도 괜찮다. 당신은 자신이 원하는 것이나 필요를 요구해도 될 만큼 귀한 사람이다. 다른 사람들이 당신의 기대에 미치지 못할 때 그들을 판단하거나 잔소리를 하지 않도록 주의해야 한다.
2번 유형: 주는 사람(누군가의 필요를 채워 주고 싶은 마음) 다른 사람들로부터 사랑과 감사를 받고 싶은 마음, 그리고 자신이 부족한 사람으로 보이지 않으려는 마음을 가진 사람들이다. 이들은 관대하고 따뜻하고 다른 이들을 잘 돌본다. 하지만 '아니오'라고 잘 말하지 못하며 자신이 이기적인 사람으로 비쳐질까 두려워서 자신의 필요를 잘 살피지 못한다.	다른 사람들을 구원하려는 마음을 버려야 한다. 세상을 구원하는 일은 하나님께서 하실 일이지 당신이 할 일이 아니다. 사람들에게 자신을 입증하고 괜찮은 사람라는 칭찬을 받아내려는 마음을 내려놓아야 한다. 자신이 없어서는 안 될 사람이라고 생각하는 교만의 죄를 버려야 한다. 다른 이들을 돌보는 일을 놓치지 않으려 하는 마음을 내려놓아야 한다. 다른 사람들에 대해 그들을 조종하거나 소유하려는 유혹을 항상 조심해야 한다. 사랑받는 사람이 되려고 뭔가를 항상 줄 필요는 없다.

아홉 가지 성격 유형	그리스도인의 가치와 자존감의 근원
3번 유형: 성취자(성공하는 싶은 마음) 이들은 생산적이고, 성공을 이루며, 실패하지 않기를 바라는 사람들이다. 이들은 다른 사람들에게 책임감 있고, 유능한 사람으로 좋은 평가를 받는다. 또한 자기 업무에 능숙하며 열심히 일하고 목표 지향적이며 좋은 부양자이기도 하다.	성공을 통해 삶의 만족감을 얻고 실수하지 않을까 두려워하는 마음을 버려야 한다. 일과 함께 휴식이라는 하나님의 리듬을 포용하도록 하라. 가족 및 친구들과 시간을 보내라. 높은 기대감이 건강하지 못한 완벽주의나 무정한 행동으로 변할 수도 있음을 알아야 한다. 예수님의 사랑 때문에 자신의 연약함이나 취약함까지도 감수할 수 있다.
4번 유형: 낭만가(특별해지고 싶은 마음) 자신의 감정을 깊은 수준에서 이해하고 있으며 다른 사람들과 따뜻한 관계를 세움으로써 만족을 얻는다. 이들은 왕성한 상상력과 창의력을 가지고 있다. 그리고 끊임없이 삶의 의미를 추구하며 평범한 삶을 피하고 싶어 한다.	특별하게 되고 싶은 마음을 버려야 한다. 남을 시기하는 경향과 자기 혐오, 수치심, 자기에게만 빠져드는 일을 주의하도록 해야 한다. 생각하는 사람이 되라. 자기 감정에 매몰되지 않도록 조심하라. 긴장을 풀고 순간을 즐기라. 당신은 독특하고 아름다우며 온전히 용납된 하나님의 사랑스런 자녀이다.
5번 유형: 관찰자(알고 싶은 마음) 우주 만물을 비롯하여 모든 것을 알고 싶고 이해하고 싶어 하는 사람들이다. 이들은 지식을 통해 안전감을 얻는다. 이들은 누군가에게 의지하는 것을 싫어하며 정서적으로 엮이길 원하지 않는다.	다른 사람들로부터 지나치게 독립되려는 마음을 버려야 한다. 그룹 안에 있을 때 자신을 드러낼 필요가 있다는 것을 알아야 한다. 그들이 당신에게 얼마나 소중한 사람들인지 표현하라. 하나님은 우리의 안전과 쉼의 근원이 되신다. 실수해도 괜찮고 당신이 무리 속에서 제일 똑똑한 사람이 될 필요도 없다.

아홉 가지 성격 유형	그리스도인의 가치와 자존감의 근원
6번 유형: 충성가(안전과 확실함을 얻고 싶은 마음) 안전과 명령, 확실함을 추구하는 사람들이다. 그들은 인정과 함께 돌봄을 받고 싶어 한다. 이들은 매우 충성스러우며 반항하는 사람으로 보이기를 원치 않는다.	미지의 것에 대한 두려움과 다른 사람들로부터 인정받으려는 마음을 버려야 한다. 하나님은 변함이 없으시며 우리가 의지해도 좋은 분이다. 지나치게 엄격하거나 판단하려 하고 방어적이 되거나 통제하려는 마음을 조심해야 한다. 주변 사람들 및 예수 그리스도와 친밀하고 따뜻한 관계를 발전시켜 나가도록 하라.
7번 유형: 모험가(삶을 즐기고 싶은 마음) 삶을 즐기며 행복을 추구하는 사람들이다. 이들에게선 열정과 이상, 낙천주의, 기쁨이 뿜어져 나온다. 이것은 이들이 세상에 공헌하는 방법이기도 하다. 이들은 고통과 아픔을 회피하고 싶어 한다.	고통과 아픔, 상실을 회피하고 싶은 마음을 버려야 한다. 상실을 껴안는 것은 그리스도와의 영적 여정에서 반드시 필요한 부분이다. 삶이란 아름다운 만큼이나 힘든 것임을 받아들이라. 슬픔은 종종 우리의 기쁨에 찬물을 끼얹기도 한다. "범사에 기한이 있고 천하 만사가 다 때가 있나니… 울 때가 있고 웃을 때가 있으며 슬퍼할 때가 있고 춤출 때가 있으며"(전 3:1, 4절)라는 말씀을 기억하라. 당신의 가치와 중요성은 행복한 느낌이 아니라 오직 그리스도 안에만 있는 것이다.

아홉 가지 성격 유형	그리스도인의 가치와 자존감의 근원
8번 유형: 주장가(맞서고 싶은 마음) 뭔가에 저항하고 싶고 진리와 정의를 위해 일어서고 싶은 사람들이다. 때때로 이들은 갈등을 만들어내고 추구한다. 이들은 자립적이고 강하며 세상에 큰 영향력을 끼치고 싶어 한다. 그래서 약하게 보이는 것을 싫어한다.	지나치게 자립적인 성향과 강하고 영향력 있어 보이려는 마음을 버려야 한다. 자신의 취약함을 껴안고 특히 약하고 부드러운 자신의 면을 포용하라. 안전하면서도 다른 사람들이 접근할 수 있는 일을 하라. 서로를 위하는 관계는 토론이나 논쟁에서 이기는 것보다 훨씬 중요하다.
9번 유형: 평화주의자(갈등을 회피하고 싶은 마음) 평화를 지키고 갈등을 피하고 싶은 사람들이다. 이들은 뒤로 물러나 있기를 좋아하고 뭔가 특별하게 되는 것을 싫어한다. 이들은 태평스러우며 튀고 싶어 하지 않는다.	다른 사람들을 달래기 위해 항복하거나 마지못해 동의하는 마음을 버려야 한다. 예수님께서 참 평화를 이루기 위해 거짓 평화를 깨셨다는 것을 기억하라. 자신의 의견이나 감정을 표현하라. 당신은 양보해 버리기에는 너무 소중한 재능과 달란트를 받았다. 예수님께서 우리의 근원과 안전이 되시기에 용감하고 단호하게 나아가도 된다.

애니어그램은 우리의 근원적인 죄와 잘못된 태도가 무엇인지 밝히는 데 유용하다. 그리고 우리가 가진 은사와 주된 죄의 성향에 대해 잘 이해할 수 있도록 도와준다. 이것은 종종 가족의 상황이나 개인적인 환경 안에서 발전해 온 방어 기제가 무엇인지 밝혀 준다. 가장 중요한 것은 애니어그램이 하나님과 이웃, 그리고 자신으로부

터 분리되었던 우리의 성격이 무엇인지 잘 드러내 준다는 것이다.

애니어그램이라는 도구가 정말 좋았던 것은 다른 사람들에게 보여 주기용이었던 방어적인 '거짓 자아'로부터 참 자아를 식별하도록 도와준다는 점이다. 15-30분 정도 시간을 내어 기도하는 마음으로 위의 항목들을 다시금 읽어 보라. 자신에게 가장 잘 들어맞는 것 같은 유형은 몇 번인가?

다음 주 중에 당신을 가장 잘 아는 사람과 함께 앉아서 이것들을 나누어 보라. 그리고 상대방의 반응을 보라. 다른 사람들이 몇 번 유형일지 알아내려고 하지 마라. 그것은 자기 자신만이 할 수 있는 일이다. 애니어그램에 관한 책을 읽고 싶을 수도 있고, 웹에서 관련된 것들을 찾아볼 수도 있을 것이다. 아니면 이 다채로운 도구를 더 알아보기 위해 워크숍에 참석할 수도 있을 것이다.

우리가 잘못된 것들에 대해 자신을 부인하는 일을 멈추고 자신의 마음과 이야기, 성격을 이해하기 시작한다면 그리스도 안에서 참된 자아를 발견하고 참 모습으로 살아갈 수 있을 것이다. 그 과정의 한 부분으로서 우리는 인간의 감정이 지닌 온전한 범위를 이해하고 확인하게 된다. 비록 그것이 나쁘다고 여겨질지라도 말이다. 우리가 내면의 특정 감정들을 무시하거나 억누를수록 그것들에 매이게 된다는 것을 깨닫게 된다면 모든 인간적인 모습까지도 껴안을 수 있을 것이다. 그렇다면 다음 장에서는 이런 분노나 슬픔, 두려움들을 다루는 법에 대해서 살펴보도록 하자.

Chapter 5

'착한 그리스도인
콤플렉스'에서 벗어나기

그날은 무더운 7월의 넷째 주였다. 그리고 우리가 뉴 라이프 펠로십 교회를 개척한 지 얼마 지나지 않은 때였다.

"제리, 이건 정말 중요한 일이에요. 이 굉장한 날씨를 기회로 삼아야겠어. 공원은 이제 사람들로 넘쳐날 거야." 피터의 열변이 시작되었다. 그 다음 말이 어떻게 나올지 예상이 됐다. "교회 사람들 몇몇을 데리고 가야 할 것 같아요. 함께 나가서 그리스도를 전하고 우리 교회를 알리면 정말 딱 좋을 거 같아요." 그는 마치 내가 방에 없는 것처럼 흥분해서 큰 소리로 말했다.

"글쎄요, 나는 마리아와 크리스티를 데리고 가야겠네요." 나는 힘없이 대답했다. 당시 아이들은 한 살과 두 살이었다. 그렇게 말하긴 했지만 두 아이들이 낮잠 자는 시간이 달라서 그럴 수 없다는 것도 알았다. 나의 딜레마는 분명했다. 피터와 함께 공원에 가든, 집에 머물든 나름의 대가를 치러야 했다.

남편의 대답이 없어서 나는 다시 말했다. "아니다. 나는 힘들 거 같아요. 우리는 집에 있을 게요. 그날 무엇을 할지 생각해 봐야겠네요. 당신은 가요."

"좋아." 남편은 주저하지 않고 말했다. 피터에게 휴일은 또 다른 근무일일 뿐이었다.

하지만 나에게 7월의 넷째 주란 매우 특별한 시간이었다. 재미있게 노는 날, 가족과 함께하는 날, 해변과 친구들, 바비큐(BBQ)가 있는 날이었다. 7월의 넷째 주는 일하는 날이 아니라 휴식하는 시간이었다. 피터는 그 주에 사역할 필요가 없었는데도 굳이 그럴 작정이었다. 나 또한 그의 결정에 승복하고 말았다.

나는 퀸즈에 위치한, 뒤뜰도 없는 아파트 2층에 덩그러니 남았다. 딸들이 낮잠 자는 동안 나는 집 안에 갇혀 있었다. "다른 사람들은 모두 휴가를 즐기고 있는데 나는 두 아기들이랑 이렇게 덥고 외로운 아파트에 덩그러니 있네." 특별히 듣는 사람도 없었는데 마냥 푸

넘을 늘어놓았다.

옆집에서는 바비큐 연기가 하늘로 치솟고, 그 냄새를 타고 깊은 슬픔이 나를 감쌌다. 좁은 아파트에 틀어박혀 내가 할 수 있는 일이란 가족이랑 같이 해변에서 수영하고 맛있는 바비큐 파티를 즐기는 상상이었다. 친정에 전화를 걸었다. "잘 지내셨어요, 아빠? 집 앞 해변의 파도는 어때요?"

"물빛도 아름답고 파도도 멋지구나. 모두들 해변으로 나갔어. 지금 나만 혼자 집에 있단다. 너랑 피터, 귀염둥이들이 보고 싶구나. 이곳에 너희와 함께 있었다면 좋을 텐데 말이다." 나는 흐르는 눈물을 참았다.

"무슨 일이니?" 아빠가 물었다. 나는 터져나오려는 울음을 삼켰다. 상처 받은 마음도 무시했다. 속에서 올라오는 화도 꾹꾹 눌렀다. "애들하고 같이 집에 있어요. 피터는 사역하러 가고 없어요. 교회 소개하는 전단지 나눠 주러 공원에 갔어요." 내 생각엔 화라든지 슬픔 따위는 좋은 그리스도인들에겐 받아들일 수 없는, 특히나 좋은 사모에게는 있을 수 없는 것이었다.

그날 밤 남편이 귀가했을 때 속으로는 별 관심조차 없었지만 오늘 하루 어땠냐고 물었다. 남편에게는 물론이고 나 자신에게조차 나의 솔직한 감정들을 숨긴 것이다. 마치 아무 일도 없었던 것처럼 일상은 다시 흘러갔다.

숨겨진 감정들과 움츠린 사람들

7월 넷째 주의 일은 그간 여러 날 혹은 수차례 나의 가장 인간적인 부분인 진짜 감정을 숨겼던 것의 한 예에 불과했다. 그런 감정들은 바람직하지 못한 것이고 그렇게 느낀다는 건 내가 그릇된 것이라 믿었기 때문이다. 무슨 일을 하고 있는지조차 모른 체 나는 스스로에게 말했다. "그런 감정들을 받아들여선 안 돼. 그런 감정들은 진짜가 아냐. 내가 무시해 버리면 결국은 그런 감정들도 사라질 거야."

드러내놓고 흥분이나 열정을 표현하는 일은 내게 흔하고 익숙한 일이었지만 분노나 슬픔, 두려움 같은 까다로운 감정들은 다루기가 어려웠다. 그런 감정을 가진다는 것에서 죄책감과 수치심을 느꼈기 때문이다.

어떤(특정한) 감정에 대해 반응하거나 그런 감정을 표현하는 방식은 원가족 안에서 그런 것들이 어떻게 다뤄졌는가와 직접적으로 관련이 있다. 만약 당신의 부모나 양육자가 자신들의 감정이나 사고의 범위를 제한했다면 그 결과로 가족 안에서 받아들여질 수 있는(용인될 수 있는) 당신의 바람들(욕구)이나 감정들도 당연히 억압되었을 것이다.

아이들로 하여금 어떤 감정들을 표현하지 못하게 하면 시간이 지나 그들은 결국 이렇게 결론을 내리게 된다. "근데 도대체 왜 이런 기분이 드는 거지?"

가령 "교회에서는 항상 미소를 지어야 착한 아이지", "사랑스러운 사람은 절대 긴장하거나 이유 없는 우울증은 겪지 않는다"와 같은 불문율들은 실제로 사람들 간의 관계에서 솔직함과 자연스러움을 억압하는 장벽을 만든다.

불행히도 대부분의 교회 문화들이 혼란스럽고 구분할 수 없는 고통스런 느낌을 다루는 데 있어서 이런 잘못된 접근법을 강화하고 삶의 방식을 영속화한다. 내가 만났던 대다수의 그리스도인들은 그들의 감정의 근원을 해결하려는 시도들이 영적이지 못하다고 느끼고 있었다.

내가 신앙생활 초기 받았던 성경의 가르침은 대개 기쁨을 강조하며 장애물을 극복하고 그리스도 안에서 강하게 되라는 것이었다. 분노나 슬픔 등은 이런 골치 아픈 감정 때문에 어려움을 겪고 있는 사람들을 위해 기도할 때나 그들을 판단하는 상황에서만 용인될 뿐이었다. 나는 슬프거나 화가 날 때조차도 기뻐해야 한다고 배웠다. 분명 두려움 같은 건 나누지 않았다. 성경에는 두려워하지 말라는 명령으로 가득했기 때문이다. 이런 감정들은 사실상 죄의 동의어나 마찬가지였다. 우리는 그런 감정들을 억누르거나 무시함으로써 그것이 어느 정도는 사라질 것이라고 바라거나 상상한다.

성경이 말하는 인간성에 대한 우리의 얄팍하고도 불완전한 이해는 나를 거의 죽여 놓았다. 최소한(적어도) 나의 영적 성장과 사랑할 수 있는 능력을 심각하게 위축시켰다.

　　이런 비극적인 관점은 또한 참다운 기독교 공동체를 성장시키는 가능성들을 약화시킨다. 분리의 벽을 치게 되어 서로를 진실하게 바라볼 수 없게 만든다. 우리는 취약해지는 것을 두려워하고 내면에서 어떤 일이 벌어지고 있는지 정직하게 말하지 않는다. 사람들을 보다 생기 있게(온전히 살아 있게) 하도록 초대하는 것이 아니라, 의도치 않게 사람들의 목을 조이고 하나님이 그들에게 주신 인간됨의 풍부한 범위를 경험하지 못하게 하는 종교적인 하위문화를 만들어내는 것이다. 우리가 서로 사랑함으로 세상이 예수 그리스도를 알게 된다는 말씀(요 13:34-35)을 무시하는 것이다. 우리가 자신에 대해, 서로에 대해 진정으로 알지 못하는데 어떻게 세상이 우리를 알 수 있겠는가?

정서적인 무식(문맹)

　　조안은 14세와 12세의 두 아들을 키우며 파트타임으로 일을 하는 성도다. 또한 그녀는 교회에서 '어머니 모임'을 이끌고 있다. 조안은 자신을 잘 돌보며 그리스도 안에서 성장하려고 열심히 노력한다. 그녀의 남편 샘은 토목 기사이며 매우 지적인 사람이다. 논리적으로 사고하는 자신의 능력에 대해 자부심을 가지고 있다.

조안은 결혼 생활에서 외로움을 겪고 있다. 그녀의 비극(불행)은 스스로 이 사실을 인정하는 것이 두렵고 남편은 전혀 개의치 않지만 해가 거듭될수록 외로움이 커진다는 것이다. 샘은 자신을 향한 아내의 거리감과 부정적인 마음을 합리적으로 해석한다. 그는 일과 아들이 속한 축구 팀 코치 역할에 몰두하려 애쓰고 있다. 외부에서 보는 샘과 조안은 기독교 가정의 모델이지만 집 안으로 들어오면 고조되는 냉전의 기운에 교착된 상태로 남아 있다.

둘은 모두 정서적으로는 문맹이다. 이것은 일찍부터 특정한 감정들, 특히 자신의 상처 받기 쉬운 마음, 부적응, 연약함 같은 것과 거리를 두도록 훈련된 우리와 같은 사람들에겐 특별한 일이 아니다.

조안은 그리스도(자신의 이웃과 확대 가족)를 위해 사는 여성의 이미지를 그리는 일을 한다. 그럼에도 그녀의 분노와 슬픔은 빈정댐이나 경미한 우울증, 비판 정신 등의 형태로 새어나온다. 그녀는 교회 일과 아이들 일로 늘 바쁘다. 샘은 집안일들이 안정적으로 흘러가는 한 이런 긴장감들을 표현할 대단한 필요를 느끼지 못한다.

조안과 샘이 그들의 가식을 깨고 자신들 안에 실제로 어떤 일이 일어나고 있는지 똑바로 보려면 어떻게 해야 할까? 무엇이 그들의 두려움을 진정시키고 정직함 안에서 앞으로 나아갈 용기를 주는 걸까?

이 질문들에 답하기 위해서는 여러 가지 방법들이 있을 것이다. 하지만 한 가지는 분명하다. 조안은 자신의 분노, 슬픔, 상처를 더 이상 부인하지 않아야 할 것이다. 그들의 결혼과 가족의 미래를 위해서는 그녀가 정직해지는 것이 가장 필수적이다.

조안이나 당신에게 있어서 표면 아래를 응시하는 것은 어떤 것인가? 만약 당신이 자신의 분노, 슬픔, 두려움을 정말 붙잡게 될 때 어떤 일이 벌어지겠는가? 그렇게 되면 이것이 당신 주변의 사람들과 그리스도와의 관계에서 어떤 영향을 끼치게 될까?

확실한 것은 그런 정밀 조사(철저한 검토)에서는 가짜 영성이 살아남을 수가 없다. 대신 자신과 이웃들, 그리스도와의 더 깊고 힘 있는 관계가 실제로 가능해진다. 우리는 믿음의 대담한 발걸음을 계속 내디뎌야 한다. 감당하기 어렵고 때로는 금지된 분노나 슬픔, 두려움의 감정들을 포함하여 폭넓은 범위의 모든 감정들을 껴안아야 한다.

믿을 수 없는 분노

내 삶의 대부분은 분노에 대한 혼란으로 점철되었던 것 같다. 어렸을 때는 공공연하게 다른 사람 탓을 했다. 쉽게 불평했고, 모든 일에 한발 물러나 있었다. 하지만 성인이 되고 신앙을 가진 후에는 화가 나면 그 감정을 억누르려 애썼다. 모든 분노가 나쁘다고 믿었기 때문이다. 그럼에도 불구하고….

- 나는 남편 피터에게 화가 났다.

- 우리 교회 사람들에게도 화가 났다.

- 이웃들에게도 화가 났다.

- 나의 어려운 상황에 대해서도 화가 났다.

- 아이들에게도 화가 났다.

- 나를 둘러싼 각종 요구들과 가난에 대해서도 화가 났다.

- 내게 이렇게 힘든 삶을 주시는 하나님께도 화가 났다.

- 나 자신에 대해서도 화가 났다.

- 뉴욕 시에도 화가 났다. 주차 위반 딱지, 교통 체증, 매주 토요일 아침 잠을 방해하는 아파트 소독, 단독주택을 다세대 주택으로 개조하느라 나의 이웃들을 해체시키는 건물 관리부서 등에 말이다.

오랫 동안 피터와 나는 둘 다 버둥거렸고 고착 상태에 빠져 있었다. 우리의 결혼 생활은 만족스럽지 않았고, 영적으로도 벽에 부딪쳤다. 그 시점까지 우리를 다듬어 왔던 기독교는 더 이상 효력이 없었다. 무섭고, 혼란스럽고 절망적이었다. 우리 부부는 존경받는 기독교 카운슬러에게 우리 영혼의 모든 상태를 쏟아 놓았다.

두 시간의 상담 끝에 카운슬러는 내 쪽으로 몸을 돌리더니 조용히 이렇게 말했다. "제리, 당신 안에는 엄청난 분노가 있군요." 나는 믿을 수가 없었다. 남편도 그랬다.

"아내가요? 그럴 리가 없는데요." 남편은 초조한 눈빛으로 나를 방어했다.

"그러게요. 저도 그 사실을 몰랐네요." 결국 나는 그렇게 말했다.

카운슬러가 했던 말을 제대로 이해하기 시작한 것은 그로부터 2년의 시간이 더 흐르고 난 후였다. 나는 내 분노에 대해 전혀 인식하지 못했다. 화가 나 있다는 것을 인정하지 않았기 때문에 화가 난 것이 아니라고 믿었던 것이다. 당연히 그 카운슬러는 아주 쉽게 비언어적인 신호들(나의 목소리 톤, 빈정댐, 몸짓 언어 등)을 통해 내 안에 있는 분노를 관찰할 수 있었던 것이다.

그리스도를 따르는 많은 사람들이 그러하듯이 나 역시 화를 내도 괜찮다는 것을 믿지 않았다. 때문에 무기력한 기분이 들었고, 그래서 화를 분출할 다른 길을 찾았다. 나는 불평했고, 다른 사람을 탓했으며 비판했다. 그리고 자신을 방어했다. 이런 발산들을 통해 힘에 대한 환상을 가지기도 했다.

당신은 화가 날 때 어떻게 하는가? 자랄 때 가족들이 어떤 식으로 분노를 표출했는가? 화를 낼 때 어떤 단어나 문장으로 그것을 표현하는가? 당신의 부모가 화가 났을 때 어떤 일이 벌어졌는가? 형제자매들을 향해 어떻게 화를 표현했는가? 부모님께 화가 났을 때는? 가정에서 화가 표출되는 모습을 지켜보면서 당신은 어떤 결정들을 내렸는가? 화가 난 사람들 사이에 있을 때 당신의 신체에는 어떤 반응들이 나타나는가? 이제 성인이 되어서는 화를 어떻게 표출하는가?

　나는 화가 자신을 주장하고 다른 사람들을 도울 수 있는 건강한 방법으로 사용될 수 있다는 것에 대해 생각조차 할 수 없었다. 또한 하나님 앞에서 나 자신의 화에 대해 적절하게 반응하고, 그것에 대해 생각하며, 처리해야 할 책임이 있다는 것도 전혀 깨닫지 못했다. 하지만 결국 '좋은 그리스도인들은 화를 내지 않는다'라는 말도 안 되는 신념을 내려놓게 되었을 때 삶을 변화시키는 문을 향해 걸어갈 수 있었다.

　자신들이 언제 화가 났는지 알아차리지 못하는 이들에게 해 줄 말은 이것이다. 자신의 신체를 자세히 관찰해 보라. 몸은 종종 머리보다 먼저 무슨 일이 벌어지고 있는지를 알려 준다. 심장이 빠르게 뛰거나 맥박이 빨라질 수 있으며, 목이나 위, 어깨나 등이 경직될 수도 있다. 식욕이 줄어들거나, 초조해진다든지, 긴장성 두통, 또는 불면증을 경험할 수도 있다.

　'화'는 모든 그리스도인들에게 있어서 필수적이고 가장 중요한 신앙 이슈이다. 이것은 하나님께서 우리에게 주시는 많은 잠재적인 메시지의 신호이기도 하다. 그리고 삶의 대시보드에 불을 밝히는 경고 지표(방향 표시 등)이며 우리로 잠시 멈춰 서서 자신의 내적 엔진에 주의를 기울이라는 초대이기도 하다.

　또한 믿든 말든, 화는 종종 감춰진 선물이기도 하다. 하나님은 화를 통해 우리가 정말 원하는 것을 발견하도록 도우신다. 그리고 더욱 깊은 감정들에 귀를 기울이게 하시며 충족되지 않는 기대들이 무엇인지 밝혀 주고 때로는 우리 죄의 어리석은 부분들을 보게 하신다.

화는 가치를 명확히 하는 도구가 될 수도 있다

늘 치여 사는 삶에 대한 나의 분노는 나로 하여금 결혼 생활과 가족, 하고 싶은(그리고 하고 싶지 않은) 사역을 명확하게 해주는 자극제가 되었다. 분노는 우리의 개인적 경계들이 교차되는 때를 알 수 있게 도와준다. 이런 일이 벌어지면 다음과 같은 질문을 하지 않을 수 없다. "내가 생각하는 중요한 무언가가 침해당하고 있는가?"

우리 딸아이가 동생에게 "그런 말은 너무 바보 같아"라고 말한다면 가족들 사이에선 각 사람의 생각과 감정을 존중해야 한다는 나의 가치가 침해당하는 것이다. 남편이 과도한 업무로 정서적인 부재 상태라면 건강한 결혼 생활을 위해 시간과 에너지를 우선적으로 써야 한다는 나의 가치에 위배되는 것이다. 우리가 무시당할 때, 자신이 관계에서 지나치게 누가 될 때, 하고 싶은 것보다 더 많은 일을 하라고 압력을 받을 때, 또는 정말 거절하고 싶지만 어쩔 수 없이 응할 때 가치나 믿음은 침해 받게 된다. 바로 이때가 잠시 멈추고 자신을 성찰할 수 있는 시간이다.

화는 보다 깊은 감정의 신호일 수 있다

분노는 흔히 말해 '2차 감정'이라고 불린다. 그리고 종종 상처

나 슬픔, 두려움, 실망, 수치심 등과 같은 다른 감정들과 함께 존재한다. 이런 이유로 분노를 성숙하게 처리하기 위해서는 더 취약하고 보다 깊은 감정들을 잘 살펴보는 것이 가장 중요하다. 화가 났을 때는 스스로에게 이렇게 물어보는 것이 필요하다. 내가 두려워하는 것이 무엇인가? 이 일 때문에 내가 상처를 받았나? 슬퍼지는가? 실망했나? 화나는 감정 뒤에 진짜로 일어나고 있는 일은 뭐지?"

누군가가 나를 비난하면 슬슬 화가 난다. 나의 즉각적인 본능은 그것을 방어하게 된다. 그러나 분노의 감정 뒤에 숨겨진 것들을 곰곰이 반추해 보면 내가 부적절하다는 것에 대한 두려움이 놓여 있다. 내가 충분히 좋은 사람이 아니라는 것을 견딜 수 없는 것이다. 최근에 남편은 조카 중 하나가 결혼을 하는데 그 소식을 자신에게 알리지 않았다는 사실을 알고는 엄청나게 화를 냈다. 하지만 그가 나중에 깨닫게 된 것은 자신의 분노 뒤에는 가족들 안에 결여된 친밀함에 대한 엄청난 슬픔이 감추어져 있었다.

대부분의 사람들은 자신이 상처 받았거나 두려움을 느끼는 것보다는 분노를 표현하는 것이 덜 취약하다고 느낀다. 예를 들어 자신의 생일을 잊은 것에 대해 친구들에게 화를 낼 수 있지만 화 밑에 깔린 진짜 감정은 상처 받은 마음이다. 또는 자신이 다니는 교회 안에서른 넘은 싱글들을 위한 친교 모임이 부족한 것에 대해 화가 날 수 있다. 하지만 그 안을 들추어 보면 혼자 있는 것에 대한 두려움을 만회하려는 마음인 것을 알 수 있다.

그 다음으로 화가 나면 이런 질문을 던져보라. "내가 원했던 것이 무엇이었지?"

관계 안에서 충족되지 않은 불분명한 기대는 그것이 가족이건, 직장이건, 학교이건, 친구관계에서건, 교회에서건 상관없이 엄청난 화의 근원이 된다. 우리는 다른 사람들이 우리가 원하는 것을 알아주기를 기대한다. 그것도 분명하게 말로 표현하기 전에 말이다.

만약 누군가가 자신의 기대가 충족되지 않았다고 화를 낸다면 어떤 기분이 들지 생각해 보라. 그것도 자신들의 기대나 바람을 당신에게 이야기한 적도 없는데 말이다. 그들은 다만 당신이 그것을 알고 있어야 한다고 가정한다. 문제는 우리 모두 무의식적이고(그것을 의식조차 못한다), 비현실적이며(모두 환상을 가진다), 말로 표현하지 않으며(머릿속에만 들어 있다), 합의되지 않은(상대방은 "네"라고 말한 적이 없다) 기대들을 가지고 있다는 데 있다.

예를 들어, 당신이 속한 소그룹이 정기적으로 모이는데, 한 번도 밖으로 나가지 않는 것에 대해 화가 날 수 있다. 이것에 대해 단 한 번도 소그룹 리더에게 말한 적이 없을지라도 그런 기대를 가졌을 수 있다. 배우자가 직장에서 매일매일 전화해 주지 않는 것에 대해서도 화가 날 수 있다. 상대방이 당연히 그래야 하고 그것을 알고 있다고 생각하는 것이다. 하지만 당신은 배우자에게 그렇게 하라고 요청한 적이 없다.

나 역시 딸들이 매일 방과 후 현관에 신발을 아무렇게나 벗어 던지며 들어오는 것에 대해 화가 났던 기억이 있다. 내가 화가 났던 이유는 아이들이 신발장에 신발을 가지런히 두어야 함을 당연히 알고 있어야 한다고 믿었던 잘못된 억측 때문이었다. 아이들에게 나의 기대를 말한 적도 없고 그렇게 하라고 제대로 가르친 적도 없는데 말이다. 그렇게 난 아이들에게 소리를 질렀다.

자신의 기대에 대해 말하지 않았거나 상대방의 동의를 구하지 않았기 때문에 그렇게 요구할 권리가 없다는 것을 이해하게 되면 어떤 상황이 되었을 때 화가 훨씬 덜 나는 것을 보게 될 것이다.

화는 죄가 될 수 있다

화는 옹졸함이나 오만함, 증오감, 질투 또는 다른 사람에게 상처를 주고 싶은 욕구 등을 드러내기도 한다. 당신이 만들어내는 빈정 댐이나 비꼬는 말들에 주의를 기울여 보라. 피하고 싶은 사람이 있는지도 살펴보라. 어쩌면 직장 동료의 승진 소식에 질투심이 생길 수도 있고, 자신의 걱정과 어떤 일의 투사로 인해 화가 날 수도 있다. 자신이 무언가로 인해 화가 났을 때 그것과 아무런 상관이 없는 누군가에게 화풀이를 하는 것은 명백하게 죄다.

이처럼 화라는 것이 복잡하고도 미묘한 감정이기 때문에 나는 뭔가 행동을 취하기 전에 화를 처리하는 데 도움이 될 만한 다음의 질문들을 스스로에게 던지곤 한다. "내가 책임을 져야 하는 일인데 그

탓을 다른 데 돌리는 것은 아닐까?" "내가 화를 내는 것이 정당한가? 최악의 상황에서 나온 것인가?" "나의 분노 때문에 상처를 입었거나 내가 용서를 구해야 할 사람은 없는가?"

아리스토텔레스는 우리에게 화에 대해 정확하게 말해 주고 있다. "누구든지 분노할 수 있다. 그것은 쉬운 일이다. … 하지만 적절한 사람에게, 적절한 수준으로, 적절한 시간에, 적절한 목적을 가지고, 적절한 방법으로 표현하는 것은 … 결코 쉽지 않다."[1]

우리는 화를 내고 나서 그것에 대해 책임지려 하지 않는다. 화를 제대로 처리하고 다른 사람에게 엉뚱하게 투사시키지 않기 위해 자신의 화를 인정하는 일은 영적으로나 정서적으로 성숙하기 위한 발걸음이 된다. 이 장의 이어지는 부분에서 슬픔과 두려움에 대해 살펴본 후, 우리는 우리의 감정을 하나님과 그분의 뜻을 중심으로 처리하는 세 가지 간단한 지침에 대해 생각해 볼 것이다.

가장 훌륭한 스승인 슬픔

우리 안에 일어나는 다양한 감정들이 하나님이 보낸 스승이라면 슬픔과 관련된 외로움이나 상처, 좌절, 우울, 침울함 같은 느낌들은 그 모든 것 가운데 가장 훌륭한 스승들일 것이다. 이런 감정들은 나 자신과 하나님에 대한 숨겨진 진실들 속으로 나를 이끄는 통로를 만들어 주었다. 또한 이로 인해 나 또한 더욱 더 열정적인 학생이 되었다.

슬픔과의 관계에 대해서라면 나는 분노만큼이나 비인간적이고 성경적이지 않게 대했다. 슬퍼지는 느낌이 내 안에서 올라오면 나는 재빨리 그것을 덮어 버리고 다음으로 넘어갔다. 그것은 타락한 세상에 살아가면서 거기서 비롯되는 고통을 거부한 것이었기에 어찌 보면 인간미가 없었다. 나는 삶에서 행복한 부분만 느끼려고 했다. 그렇게 하는 가운데, 나도 모르는 새에 반쪽짜리 인간이 된 것이다. 게다가 이 땅의 모든 사람들이 나누는 보편적인 상처에 대해서도 제대로 알 수 없었다.

문제는 나 역시 슬퍼할 일이 너무나 많았다는 것이다. 그 안에는 결혼 후 처음 8년 동안 혼자서 아이들을 양육해야 했던 결혼 생활도 포함된다. 그 시간들은 결코 되돌릴 수 없을 것이다. 우리 아이들은 자전거를 타기에도 위험한 곳에서 성장했다. 학교에 가려면 오랜 시간 자동차를 타야 했고, 그로 인해 이웃에 사는 친구들과 사귀는 것도 쉽지 않았다. 약 25년을 피터와 함께 뉴 라이프 펠로십 교회 공동체를 이끄는 동안 많은 사람들이 이사를 가거나 교회를 떠났다. 사람들은 변화되었고, 우리도 변화되었다. 관계들도 변화되었다.

성장하면서 또한 신앙생활을 하면서 내게는 두 가지 무언의 규칙 같은 것이 생겼다. 그것은 '슬픈 것은 나약한 것이다. 나약한 것은 나쁘다'라는 것이었다. 나는 다음과 같은 성경 구절들을 좋아했다.

"여호와로 인하여 기뻐하는 것이 너희의 힘이니라"(느 8:10). "내게 능력 주시는 자 안에서 내가 모든 것을 할 수 있느니라"(빌 4:13). 이 말씀들이 나에게는 다음과 같이 해석되었다. "환경이 어떠하든지 네가 행복하다면 넌 훌륭한 믿음을 가지고 있는 거야."

그래서 결혼 5년차 때 우울증으로 널브러져서, 침대에서 기어나와 두 아이들을 돌보려 버둥거리는 내 모습을 발견했을 때 아뜩하기만 했다. 나는 이 슬픔에서 헤어 나오기 위해 무진 애를 썼지만 어떻게 할 도리가 없었다.

"이게 뭐든지 간에 다리가 부러져도 이것보다는 고치기 쉬울 거야." 난 불평했다. 도저히 나의 망가진 영혼을 어쩔 수 없었다. 피터는 기도했다. 교회의 리더들도 나를 위해 기도했다. 하지만 여전히 우울했다.

우울증은 내 내면의 고통에 귀를 기울이라는 일종의 신호였지만 내 안에 자리 잡은 잘못된 신학을 이길 수 없었다. 엄청난 노력 끝에 난 우울증을 떨쳐 버리고 빡빡한 스케줄로 돌아왔다. 감정 상태의 진실을 부인하면서 말이다.

다음 해에 우울증이 도졌을 때도 여전히 대수롭지 않게 여겼다. "우리 가족 안에 흐르고 있는 우울증이 있나 봐"라며 나를 안심시켰다. "남은 생 동안 나의 이런 육신의 가시들과 싸워서 이기면 되지."

나는 이 고집스런 슬픔이 나를 방해한다고 잘못 믿고 있었다.

이런 생각이 하나님이 의도하신 강한 그리스도인으로 자라는 데 나의 발목을 잡았다. 벗어날 수 없는 나의 연약함이 억울할 뿐이었다.

상실에 대해 애도하라

우리는 상실을 '정상적인 삶'을 방해하는 외적 침입자라고 보는 경향이 있다. 하지만 상실은 삶의 한 부분이다. 우리가 사랑하는 사람들이 죽고, 좋았던 관계들이 끊어지고, 기회의 문이 닫히고, 꿈이 물거품이 되는 일이 생긴다. 이사를 가게 되면서 교회나 공동체와 이별을 하기도 한다. 학대를 겪으며 순수함을 빼앗기기도 한다. 목표를 달성했지만 보다 나은 과정을 밟기 위해 우리가 있던 곳에서 떠나야할 때도 있다. 나이를 먹으며 건강도 잃는다. 아이들은 어느새 훌쩍 커버린다. 이처럼 일생을 통해 우리는 모든 것들을 뒤로 떠나보내야한다.

우리는 슬픔이나 좌절에 대해 어떻게 말해야 할지 알지 못한다. 그래서 바쁜 일상을 보내며 고통을 잠재울 방법들을 모색한다. 쇼핑을 하거나, TV를 보거나, 일을 하거나, 술이나 마약, 음식, 판타지나 포르노그래피, 이메일이나 SNS 안으로 도망친다.

대다수 교회 안에는 무언의 규칙이 있다. "당신이 슬프거나 우울하다면 영적이지 않은 것이다." 그래서 사람들은 모든 것이 괜찮은 척 연기한다. 그나마 덜 모호한 메시지는 "좋은 그리스도인이라면 상처를 받거나 혼돈, 좌절 같은 걸 느껴서는 안 되지"라는 것이다.

하지만 성경은 분명하게 모든 인간들이 슬픔과 비탄을 경험하고 그것들을 표현한다고 말한다. 우리의 주님이시며 구원자이신 예수님은 "간고를 많이 겪었으며 질고를 아는" 분이셨다(사 53:3). 그리고 "심한 통곡과 눈물로 간구와 소원"(히 5:7)을 올리셨다. 또한 십자가를 지시기 전 겟세마네 동산에서 아버지의 뜻과 씨름하셨다. 성경은 이 부분을 다음과 같이 묘사한다 "예수께서 힘쓰고 애써 더욱 간절히 기도하시니 땀이 땅에 떨어지는 핏방울 같이 되더라"(눅 22:44). 우리의 메시아이시며 하나님이신 예수님께서는 슬픔과 고뇌를 부정하지 않으셨다.

다윗은 하나님의 마음에 합한 자로 잘 알려져 있다. 하지만 그의 시편 가운데 삼분의 이는 탄식과 불평으로 가득 차 있다. 하나님의 은혜를 입은 요셉은 형제들 앞에서 큰 소리로 울면서도 부끄러워하지 않았다. 예레미야는 자신의 환경에 대해서 적어도 여섯 차례나 항변한다. 그가 쓴 애가는 전 부분에 걸쳐 예루살렘의 멸망에 대해 하나님께 깊은 탄식과 고뇌를 드러내는 것이다. 성경은 슬픔을 허용할 뿐 아니라 그것을 적극적으로 표현할 것을 말한다. 상실에 대한 애도가 우리의 영적 성장에서 핵심이라 여기는 것이다.

슬픔과 상실은 우리 영적 삶의 태피스트리 안에서 중요한 가닥들을 형성한다. 우리는 곁에 없었던 부모님에 대해, 단절된 관계들에 대해, 빈약한 학력에 대해, 직업을 얻을 기회가 없었던 것에 대해, 이혼이나 죽음, 장애에 대해, 말썽을 피우는 자녀들에 대해,

만성 질환에 대해, 자녀가 없음에 대해 충분히 슬퍼해야 한다. 슬픔을 부정하는 것은 마치 우리 몸에 달린 팔이나 다리를 부정하려는 것과 같다. 그것은 우리에게 꼭 필요한 인체의 한 부분을 절단하는 것이다.

모든 감정을 받아들이고 화해하라

나는 이제껏 슬픔을 마치 전염병이라도 되는 양 두려워했다. 이제는 슬픔의 감정들과 내가 통제할 수 없는 것들의 상실에 대해 두려워하는 나 자신을 허용할 수 있게 되었다. 더 이상 슬픔에 대해 나쁘거나 피해야 할 무엇이라는 꼬리표를 붙이지 않는다. 그것은 우리 삶의 한 부분일 뿐이다.

내 안의 슬픔을 경험하게 됨으로써 다른 사람들의 아픔과 슬픔에 대해서도 좀 더 연민의 감정을 가질 수 있게 되었다. 지금은 이것이 내가 제안해야 할 가장 큰 선물 가운데 하나라는 것을 확신하게 되었다. 그도 그럴 것이 자신의 고통 안에 들어가 보지 못한 사람이 어떻게 다른 사람의 고통에 참여할 수 있겠는가? 자신이 경험하지 않은 예수 그리스도의 위로를 어떻게 다른 사람에게 제공할 수 있겠는가?

성경을 얼마나 많이 읽었는지, 좋은 일들을 얼마나 많이 했는지, 교회에 얼마나 오래 다녔는지, 다른 사람을 얼마나 잘 섬겼는지, 하나님에 대해 얼마나 잘 알고 있는지는 중요하지 않다. 자신의 진실한 느낌에 대해 정직하지 않다면 하나님 안에서 영적으로 성장할 수 없을 것이며 사람들과의 관계에서도 한계를 느끼게 될 것이다.

우리가 자신의 모든 감정들을 받아들일 때 우리의 진짜 감정과 그런 감정을 느껴서는 안 된다고 말하는 목소리 간의 불필요한 내적 전쟁에서 자신을 보호하게 된다. 자신의 모든 감정들을 받아들이는 것은 자신과 화해를 이루는 시발점이 된다.

당신에게 중요한 일이나 사람들과 관련하여 상실 또는 좌절감을 느껴도 된다. 잠깐 동안 멈추어 보라. "여호와 앞에 잠잠하고"(시 37:7). 다음의 질문들을 던지며 수면 위로 떠오르는 어떤 생각이나 느낌도 막지 말라. "내가 슬퍼하고 있는 일이 있는가?" "나에게 영향을 끼치는 좌절이나 실망들은 무엇인가?" "하나님은 뭐라고 말씀하실 것 같은가? 또한 이것들을 통해 나를 어떻게 만들어 가실까?" 하나님께 이 질문들을 하나씩 올려 드려 보라.

두려움에서 벗어나기

"여보, 아직 설거지를 다 못 끝냈잖아요!" 부엌으로 들어서면서 내가 재촉하듯 말했다.

"여보, 그렇게 말할 때 당신의 말투가 어떤지 알아?" 남편이 조용히 말하기 시작했다. 그가 옳았다. 나는 곧 조용해졌다.

지난 몇 주 동안 남편은 나를 붙잡고 아랫사람 다루듯 하는 나의 날카로운 말투에 대해 설명하기 시작했다. 이 일은 내가 그간 내 단점을 인정하고 연약한 모습을 보이는 일을 얼마나 끔찍하게 생각했는지를 깨닫게 했다. 성령님께서 내게 말씀하셨다. "제리, 네 말투 때문에 피터가 죽고 있단다. 네 남편은 나의 형상을 따라 지음 받은 존재잖니. 다른 사람을 대할 때 그렇게 말하는 것은 끔찍할 정도로 무례한 일이란다."

나는 결점을 인정하는 것이 두려웠다. 내 안에 무엇이 들어 있는지 남들 앞에 보여 지는 것이 싫었다. 완벽에 못 미치는 사람으로 비쳐지는 것은 사랑스럽고 좋은 사람이라는 나의 이미지와는 맞지 않았다. 사람들 앞에 나 자신이 노출되는 것이 죽을 것 같이 무서웠고 마치 심판을 받는 것 같았다.

남편이 나와 맞섰을 때 그것은 일종의 선물이었고, 내가 두려움을 인정하게 된 새로운 출발이었다. 비록 내 자신이 매우 연약하고 벌거벗은 기분이었지만 내 안에서 말씀하시는 하나님의 음성이 있었다. "제리, 넌 사랑스러운 딸이야. 나의 사랑 안에서 쉬기만 하면 된단다."

예수 그리스도에 대한 굉장한 소식, 곧 복음은 주께서 아무런 조건 없이 우리를 사랑하신다는 것이다. 입증해야 할 것은 아무것도 없다.

놀랍게도 나는 죽지도, 부서지지도 않았다. 대신 어마어마한 안도감을 경험했다. 더 정확히 말하면 새로운 자유와 능력을 경험했다.

일생에 걸쳐 나를 묶고 있던 강력한 사슬이 마침내 깨진 것이었다.

자신이 가진 두려움의 뿌리를 살펴보는 일은 매우 중요한 영적 작업이다. 우리의 가치나 중요성, 사랑스러움에 대한 두려움이 올라오지만 이것은 하나님이 바라시고 인정하시는 사랑과 자유로 나아감에 있어 가장 중요한 것이다.

두려움과 마주하다

성경에 가장 빈번하게 등장하는 명령이 있다면 아마도 "두려워하지 마라"는 말씀일 것이다. 두려운 마음이 일어날 때 그것을 억누르는 것은 자연스럽고 당연한 것인가? 그렇다면 두려움이라고 부르는 것이 뭐든 그것을 없애야 하는가? 이에 대한 답은 '네'이면서 동시에 '아니오'이다.

성경은 두려움을 느끼지 말아야 한다고 말하지 않는다. 사실 성경은 자신의 마음을 알라고 명하신다. 두려움과 걱정의 뿌리를 면밀히 살피라고 하신다. 두려움은 위험이나 협박을 받을 때 나오는 자연스런 반응이다. 두려움을 느낄 때 우리 심장은 박동이 빨라지고 위장은 경직된다. 시험을 치르거나 새로운 일을 시작할 때, 직장을 잃거나 길모퉁이에서 반대편 차가 근접하여 지나갈 때도 두려움을 경험한다.

안타까운 사실은 대부분의 사람들이 두려움에 대해 죄책감이나 왜소해짐을 느낀다는 것이다. 그래서 자신의 두려움을 인정하려 들지 않고 그것들이 어떤 식으로든 사라지기를 바란다. 하지만 이것은 두려움을 극복하는 것이 아니라 두려움에게 더 큰 힘을 실어 주는 일이 된다.

심리학자인 마이클 얍코(Michal Yapko)와 연구원들은 30년의 연구를 통해 무수히 많은 두려움을 대략 세 가지 범주로 정의하고 있다.[2] 우리는 자신의 행동을 이끄는 가장 큰 요인이 무엇인지 알아야 한다. 건강하지 않은 두려움은 매우 강력한 방법으로 우리를 제한하고 편협하게 만들 뿐 아니라 상대방에 끌려가거나 어처구니없는 결정을 내리게 한다. 그것은 아이들을 양육하는 방식이나 관계에 접근하는 방법, 직업을 선택하거나 바꿀 때, 그리고 재정을 다루는 방식에도 영향을 미친다.

두려움의 첫 번째 범주는 '실수'에 대한 두려움과 관련되어 있다. 실수할까 봐 겁을 내는 사람들은 종종 자신이나 다른 사람이 실망하는 것을 극도로 꺼리는 완벽주의자들이다. 그들은 그것이 실재든 상상이든 비판을 무서워한다. 비판에 대한 두려움 때문에 자신과 다른 사람들의 기대에 대해 비현실적인 판단을 할 수밖에 없다.

두 번째 범주는 '거절'에 대한 두려움과 연관이 있다. 거절당할 것을 두려워하는 사람들은 목사님이나 상사의 대화로 시작되는 새로운 소그룹 모임에 참여하는 것을 두려워한다. 또는 어떤 식으로든 부적절한 자신을 노출시키지 않으려고 수업 중에 손을 들어 질문하는 것을 겁낸다. 자신들의 결정에 수많은 정보를 주는 다른 이들의 판단에 대해서도 지나치게 생각한다.

세 번째 범주는 '느긋함'으로 야기되는 결과들을 두려워하는 사람들이다. 그들은 늘 경계나 방어적인 자세를 유지하는데 자신들이 두려워하는 누군가나 어떤 것이 자신들을 해칠 것이라고 생각한다. 그래서 수비 태세를 거두지 못한 채 매우 힘겨워한다.

우리는 내면의 두려움을 부정할 필요가 없다. 오히려 하나님은 그것들을 확인하고 성령의 능력을 통해 계속 나아가라고 초청하신다. 성경 안에는 두려움을 극복하고 나아간 사람들의 놀라운 본보기들로 넘쳐난다.

모세는 여든의 나이에 자기 회의와 열등감이라는 두려움을 뚫고 바로와 맞섰다. 다윗은 골리앗과의 전투에서 자신이 결코 이길 수 없을 거라고 비웃는 사람들의 조소를 이기고 나아갔다. 유대인 왕비인 에스더는 목숨을 잃을 수 있는 상황에서 사회적 금기를 깨고 자신의 남편인 페르시아 왕을 알현하러 나갔다. 예수님의 육신의 아버지였던 요셉은 임신한 마리아를 맞으라는 부름에 수치심과 굴욕이라는 두려움을 무릅쓰고 하나님께 순종했다.

이처럼 성경이 보여 주는 예들은 '용기'가 두려움이 없는 상태가 아님을 가르쳐 준다. 오히려 그것은 두려움이 있음에도 불구하고 생각하고 행동할 수 있는 능력이다. 보다 큰 하나님의 비전 때문에 그것을 넘어서는 것이다. 의식하지 못하는 두려움은 우리를 위축시키는 강력한 힘이 되기도 한다. 예수님을 믿는 믿음을 통해 자신의 두려움을 극복하지 못한다면 어쩔 수 없이 영적 생활이나 결혼 생활, 그리고 미래에 있어서 옴짝달싹 못하게 될 것이다. 그렇다면 우리가 두려움을 극복하고 나아갈 때 어떤 일이 벌어지게 될까?

실수해도 괜찮고, 완벽하지 않아도 되며 여전히 사랑받는 자임을 알고 있었다면 삶에 어떤 일이 가능했을지 상상해 보라. 사람들에게 사랑을 받으려고 자신의 실적이나 성과에 의지하지 않는다면 무슨 일들을 시도했을 것 같은가? 실패해도 괜찮다는 걸 안다면 자신의 은사나 재능으로 하나님을 위해 어떤 일을 했을 것 같은가? 사람들에게 인정받지 않아도 되고 하나님의 사랑 안에서 안정감을 누린다면 어떤 일을 하게 될 것 같은가? 당신 주변의 사람들에게 자유롭게 진실을 말할 수 있다면 어떻게 할 셈인가?

나의 경우 '약해지는 것'에 대한 두려움이 내 안에 있다는 것을 마침내 인정했을 때 하나님의 사랑으로 그 두려움을 극복할 수 있었다. 의도적으로 시간을 내서 성경을 읽고 침묵의 시간을 가지는 동안 하나님의 음성을 듣고 그분의 사랑을 받아들일 수 있었다. 마음에서 벌어지고 있는 일들에 주의를 기울임으로써 이제껏 나의 가치와 중요성을 하나님의 사랑에 두기보다 사람들의 인정에 의지했음을 밝히 볼 수 있었다.

두려움은 인간이면 누구나 겪는 감정이다. 잠시 시간을 내어 하나님의 임재 앞에 머물며 다음의 질문들을 스스로에게 던져 보라. 무엇을 두려워하는가? 무엇 때문에 불안한가? 돈? 안전? 아이들? 배우자? 관계? 직장? 미래? 건강? 시편 46편 10절의 말씀 안에 있는 진리를 묵상해 보라. "너희는 가만히 있어 내가 하나님 됨을 알지어다." 이 말씀과 함께 자신의 두려움과 관련된 자료를 모으라. 그것은 건강 검진일 수도 있고, 결혼 생활에서 오는 긴장을 어떻게 다루어야 할지에 대한 성숙한 사람과의 대화일 수도 있다. 또는 자신의 재정 상태에 대한 컨설턴트와의 상담일 수도 있다. 그리고 마침내, 그 두려움을 실제로 넘어서기 위해 어떤 행동을 할지 구체적인 계획을 세워 보라.

분노, 슬픔, 두려움 극복을 위한 세 가지 지침

분노, 슬픔, 두려움의 감정을 처리하는 데 도움이 되는 세 가지 간단한 지침이 있다. 그것은 자신의 감정을 느끼고, 그 감정을 충분히 생각하고, 그 다음에 적절한 행동을 취하는 것이다.

자신의 감정을 느끼라

우리는 감정에 관해서만큼은 극단을 피해야 한다. 다시 말해 우리의 감정을 무시해서도 안 되고, 감정이 우리 삶을 통제하게 해서도 안 된다. 감정을 차 트렁크에 두는 것도, 그렇다고 운전석에 앉히는 것도 원하지 않는다. 오히려 감정이 도움이 되도록 그것을 잘 다룰 수 있기를 바란다.

느낀다는 것은 자신의 감정을 알아차리고 그것을 인정하는 것이다. 어떤 감정이 일어날 때 양심의 가책 없이 그 감정을 충분히 느껴 보라. 당신을 사랑하시는 하나님의 임재 안에서 그것들을 탐구하고 분석하라.

감정을 더 잘 알아차리는 방법 가운데 하나는 일기를 쓰는 것이다. 내 경우 일기는 가장 기본적인 훈련이었는데 이를 통해 오랫동안 잠자고 있던 '감정 근육'을 단련시킬 수 있었다.

나는 일주일에 3-4일 정도 그날 경험했던 감정들을 반추하며 짬을 내어 일기를 썼다. 이렇게 감정을 단련시키는 동안 내가 정말 어떤 감정을 느끼고 있는지에 대해 자각하는 힘이 향상되었다. 시간이 지남에 따라 어떤 순간에 느끼는 감정에 대해 보다 즉각적으로 파악할 수 있었다. 이전처럼 한참 후에야 내 감정을 인식하고 표현하게 되는 일이 줄었다. 또한 나를 더 이상 억제하거나 평가절하할 필요가 없었기 때문에 내면의 혼란에서 벗어나 더 많은 자유와 평안을 경험했다.

성경은 우리의 감정을 하나님 앞에 쏟아 놓으라고 말한다. "백성들아 시시로 그를 의지하고 그의 앞에 마음을 토하라"(시 62:8). 슬프게도 우리 중 많은 이들이 사람들과 어울리면서도 어느 누구에게도 자기 마음을 솔직하게 토로하지 못한다. 가장 가까운 사람조차도 우리에 대해 부분적으로나 불완전하게 알고 있다. 하지만 하나님은 전적으로 우리가 믿을 수 있으며 안심할 수 있는 분이다. 그분께는 자신을 전적으로 드러낼 수 있다. 또한 우리 마음의 모든 것을 토로할 수 있다. 하나님은 절대로, 결단코 그 어떤 이유에서건 우리를 향한 당신의 사랑을 거두지 않으실 것이기 때문이다.

한번은 남편이 나에게 전화를 걸어 친구 줄리어스가 막바지 회의를 요청했다고 말했다. 피터는 자신이 그날 저녁 늦게까지 일하는 것에 대해 내가 반대하지 않는지 물었다. 나의 목과 어깨는 경직되고, 심장 박동이 빨라졌다. 하지만 "좋아요. 늦게 와도 되요. 저녁은 준비해 놓을게요. 신경 쓰지 마요"라고 말했다. 그리고는 그날 해야 할 일들을 이어갔다.

그날 이후, 내 감정에 대해 돌아보며 일기를 쓰는데 남편의 요구에 대한 나의 반응과 관련하여 분노와 짜증이 남아 있다는 것을 깨닫게 되었다.

이제는 나의 감정을 부인하는 것을 멈추고 그것을 처리하는 다음 스텝으로 나갈 준비가 되었다. 이제 자신의 감정을 충분히 생각하는 단계에 이를 수 있다.

자신의 감정을 충분히 생각하라

남편이 전화했을 때 내가 왜 그렇게 관대한 반응을 보였는지 생각해 보니 이기적으로 보이고 싶지 않은 마음 때문이었다는 것을 알아차리게 되었다. 피터의 귀가 시간에 관해서 나는 늘 관대했다. 반면 '어린 네 아이들이랑 저녁 시간을 가지려면 당신의 도움이 절실히 필요해요. 그렇게 해 주었으면 좋겠어요'라고 말할 만큼 나 자신을 소중하게 생각하고 있었다. 또한 우리가 가족으로서 매일 저녁 함께 식사를 하는 것을 내가 엄청나게 중요하게 생각하고 있다는 것도 알게 되었다. 그것은 남편에게 명백하게 표현해야 할 필요가 있는 타당한 바람이기도 했다.

헨리 나우웬은 우리는 인생의 50퍼센트는 삶을 살아가는 데 쓰고, 나머지 50퍼센트는 살았던 삶을 되돌아보는(반성하는) 데 써야 한다고 말했다.[3] 생각하는 능력은 하나님의 형상으로 만들어진 인간에게만 독특하게 주어진 능력이다. 우리는 사고라는 이 선물을 통해 우리의 감정에 대해 경솔하게 반응하지 않고 숙고하며 반응할 수 있다. 감정을 충분히 느껴야 하지만 항상 그것에 따라야 할 필요는 없다. 잠언 기자는 "지식 없는 소원은 선하지 못하고 발이 급한 사람은 잘못 가느니라"(잠 19:2)고 말했다. 잘못된 생각에 관해서는 8장에서 좀 더 다룰 것이다.

자신의 감정을 알아챘으면 이렇게 자문해 보라. "내가 이렇게 느끼는 이유는 무엇일까?" 예를 들어 당신은 내일 있을 직장 상사와의 미팅 때문에 불안한 마음이 들 수 있다. 그 두려움을 인지했으면 스스로에게 물어보라. "무엇 때문에 불안한 걸까? 만약 해고 통보라도 하면 어쩌지? 월급을 삭감하겠다고 하면 난 앞으로 어떻게 살아가야 하지?"

당신이 느끼는 감정이 슬픔이든, 분노이든, 두려움이든 그것을 충분히 생각했다면 다음으로 행동을 취하는 세 번째 단계로 나가면 된다.

적절한 행동을 취하라

남편이 집에 늦게 와도 되냐고 물었을 때 그러라고 했던 것이 본심이 아니었음을 깨닫게 되자 이렇게 되묻게 되었다. "제리, 이 상황에서 적절한 행동은 무엇이지?" 그처럼 둔한 요구를 하는 남편을 비난하고 싶은 유혹도 받았다. 그냥 줄리어스에게 안 된다고 말하면 될 것을 왜 못하는 거지? 이러는 것이 나한테 어떤 영향을 주는지 이해를 못하는 건가?

마음속으로 남편을 탓하는 것이 그다지 바람직한 행동이 아니라는 것을 깨닫고는 곧 침착해졌다. 직접 말하지 않으면 내가 무슨 생각을 하고 있는지 피터가 어떻게 안단 말인가? 나는 남편이 귀가할 때까지 기다리지 않기로 했다. 이렇게 일기를 쓰자마자 남편에게 전화를 걸었다. 그리고는 솔직하게 나의 감정과 바람을 나눴다. 남편은 즉각 반응했다. "여보, 솔직하게 말해 줘서 고마워요. 이따 6시에 집에서 봐요."

이 사건을 둘러싸고 나는 많은 고뇌와 몸부림을 겪으며 생각과 감정들을 처리해 나갈 수 있었다. 하지만 그리스도 안에서의 영적 성숙이라는 면에서 얻게 된 것은 값으로 매길 수 없을 만큼 소중했다.

나는 더 이상 내 감정을 속이지 않았다. 스스로를 귀중하게 대했다. 결혼 생활도 존중했다. 그리고 하나님과의 관계에서 새로운 방법들도 배우게 되었다.

어떤 때는 적절한 행동인지 아닌지가 확실하게 구별될 것이다. 그 초대에 정직하게 '아니오'라고 말하라. 자신의 두려움을 넘어서고 새롭게 일할 기회를 붙잡으라. 새로운 관계에 헌신하기 전에 잠시 기다리라.

다른 상황에서는 적절한 행동을 분별하는 데 상당히 많은 시간이 소요될 수도 있다. 보다 많은 정보들을 모으기 위해 시간이 필요할 수 있고 다른 대안을 생각해 볼 수도 있다. 예를 들어 자신의 결정과 관련하여 결정적인 단서가 되는 대화에 참여할 수도 있다. 믿을 만한 친구에게 조언을 구하고 싶을 수도 있다. 하나님과 독대하는 시간을 더 늘릴 필요도 있다. 보다 성숙한 대화나 공정하게 싸우는 법, 기대를 명확하게 하는 것 등 새로운 기술을 배워야 할 필요를 깨닫게 될 수도 있다.

당신은 이제껏 10년, 20년, 30년, 혹은 40년 동안 성경적이지 않은 방법으로, 그리고 자기 영혼에 해를 입히면서 자신의 분노나 슬픔, 두려움을 다뤄왔을 수 있다. 이제 이런 과정을 배우면서 자신에게 시간을 주고 은혜를 베풀어 보라.[4]

더 이상 자신의 슬픔과 분노, 두려움을 부정하지 않기로 결단하면 정서적, 신체적, 영적으로 보다 더 성숙하고 건강한 삶을 살 수 있다. 자신의 감정을 받아들이게 되면 그것을 해로운 방법으로 다른 사람에게 투사하는 일도 없어지게 된다. 이것은 자연스럽게 다음 장인 '남 탓하는 습관에서 돌아서기'로 이어진다.

Part 3

온전한
부활을 맛보다

**"하나님이 원하시는 바로
그 여성으로 살다"**

Chapter 6

남 탓하는 습관에서
돌아서기

피터와 나는 결혼을 통해 하나가 되었다. 좀 더 정확히 말하자면 피터 한 사람이 되었다. 결혼을 통해 우리는 둘이 함께 번영할 수 있는 둥지를 만들지 못하고 오히려 결혼이 만든 웅덩이 안으로 떨어져 나란 존재가 사라져 버리게 되었다.

피터의 일상 안으로 내가 동화되는 것이 우리 부부에게는 자연스러운 일이 되었다. 나에 비해 남편은 정확하게 자신이 무엇을 원하는지 알고 있는 듯 했다. 한창 내전 중이던 니카라과에서 휴가를 보내기로 했을 때 - 비록 내가 생각했던 휴식은 아니었지만 - 나는 임신 6개월이었다.

남편이 교구민 하나 없이, 시설이나 재정도 준비되지 않은 상태로 뉴욕 시에 교회를 개척하겠다고 했을 때도 - 사실 난 좀 더 기다리는 것이 낫지 않을까 의문을 제기했지만 - 선뜻 그를 따라 나섰다. 비록 몸은 지치고 외로움도 커져 갔지만 일 중독자인 피터의 삶 속으로 나를 몰입시켰다.

뉴저지에 있는 비치 근처 친정에서 간절히 여름을 보내기 원했을 때도 피터는 내게 길고, 더운 한 여름을 어린 두 딸과 함께 뉴욕 퀸즈에서 보낼 것을 강력하게 권했고 난 그것을 받아들였다.

피터의 삶에 동화되어 나를 잃어버렸던 많은 시간들을 회상해 볼 때 그를 탓할 수만은 없었다. 물론 예전에는 그를 비난했다. 물론 남편도 무엇이 자신의 행동을 이끌어가고 있는지 다 볼 수 없었겠지만, 그렇다고 나의 선택을 그의 책임으로 돌릴 수는 없었다. 피터가 너무 많은 나의 경계들을 넘어선 것과 다른 인생을 살고 싶어 했던 나의 갈망을 무시했던 것은 사실이지만 그것을 허용한 것은 온전히 나의 책임이었다. 나는 무수히 많은, 답답했던 인생의 사건들을 바꿀 수 있는 힘이 내게는 전혀 없다고 잘못 믿고 있었다. 그런 상황이 일어날 때마다 내가 가장 잘할 수 있었던 것은 피터와 남들을 탓하는 것이었다.

남 탓하기 게임

남을 탓하는 일은, 안타깝게도 늘 우리 곁에 있어 왔다. 아담은 하와를, 하와는 뱀을 탓했다. 사라는 하갈을 탓했다. 요셉의 형들은 죄를 저지른 것을 요셉에게 탓을 돌렸다. 이스라엘 민족은 모세를, 모세는 하나님을 탓했다. 사울도 모든 것을 다윗의 탓으로 돌렸다.

오늘날 일이 뜻대로 풀리지 않을 때 우리는 항상 부모, 배우자, 자녀, 학교, 정부, 기업, 직장 상사, 직원, 지도자, 일기 예보, 인플레이션, 교통 체증 등을 탓한다. 일이 정말로 안 풀릴 때는 악한 세력을 탓하거나 심지어 하나님께 탓을 돌리며 비난하기도 한다.

남을 탓하는 일은 상황을 통제할 능력을 자신이 가지고 있다는 착각과 함께 잠시 동안 위로도 가져다준다. 하지만 그것은 우리들을 영적 미숙함에 머무르게 하고 무기력하게 함으로써 실제로는 정반대의 결과를 가져온다.

여기에 쓰인 예화들은 책임을 회피하기 위해 우리가 종종 어떤 식으로 남 탓하기 게임을 하고 있는지 잘 보여 주고 있다.

"당신이 내 인생을 망쳤어."
"직장 상사 때문에 내 삶이 비참해졌어. 다른 곳에서 일할 수 있으면 좋으련만."
"교회가 나의 필요를 채워 주지 않아."

"난 이렇게 지쳐 있는데 배우자가 휴가를 내지 않아요."

"나의 일만으론 수입이 충분하지 않아서 빚이 엄청 많아요."

"교회가 성숙하지 못해서 영적으로 자라질 못하고 있어."

"약혼자가 상담 받기를 거부하기 때문에 우리 관계가 상당히 나빠져 있는 상황이야."

"직장을 바꾸기에는 너무 늦은 것 같아."

"난 싱글맘이야. 아마 평생을 가난하게 살게 될 거야."

"명절 때마다 부모님 때문에 스트레스를 받아."

"난 과학이나 수학을 잘하지 못했어. 선생님들이 형편없었지."

남을 탓하는 말을 내뱉게 되면 자신이 무력하다는 착각이 든다. 마치 우리에게는 선택권이 없다는 식으로 잘못 믿게 되는 것이다. 또한 탓하는 남을 은연중에 깎아내린다. 남을 탓하며 피해자 행세를 할 때 그들은 종종 다른 사람들보다 도덕적으로 우월함을 가지게 된다. 그렇게 함으로서 책임을 회피하는 것이다.

우리는 이 사실을 에덴동산의 사건을 통해서도 관찰할 수 있다. 아담과 하와는 자신의 도덕적 우월을 가리기 위해 서로 상대방을 탓했다. 남을 탓하는 사람들은 일반적으로 화를 잘 내고 자신의 불편함을 직시하기보다 다른 사람들이 '마땅히 무엇을 해야 한다'에 관심을 둔다. 당면해 있는 어려운 선택을 하는 것보다 그렇게 하는 편이 적어도, 언뜻 보기에는 쉽기 때문이다.

힘든 상황을 계속 방치하거나 '그래야 한다'라는 이유로 계속 고통을 감수하고 있다면 그것은 잘못된 해석이며 자신의 인생을 제대로 통제하지 못하는 것이다. 그렇게 되면 자신을 환경의 피해자라고 생각하게 되고, 이는 종종 우울함으로 귀결된다. 다음 사항들은 어쩌면 당신이 개인적 책임을 회피하기 위하여 남을 탓하게 될 때 보여 지는 여섯 가지 표지들이다.

- 당신은 운이 나쁜 인생을 살아왔다고 생각한다.
- 더 나은 미래를 위해서 자기 삶의 어떤 부분도 바꿀 수 없다고 생각한다.
- 인생의 부정적인 사건들이나 관계들은 당신의 통제 밖에 있다고 여긴다.
- 자신이 틀렸다고 믿은 적이 거의 없다.
- 자신의 잘못을 인정하고 사과하는 것은 약함을 드러내는 표시라고 생각한다.
- 미래를 보기보다 과거에 매여 있다.

만약 당신이 타인에게 책임을 돌리거나 자신을 피해자라고 느끼고 있다면 다음과 같은 중요한 질문을 던져 보라. "나는 이 문제에 대해 어떻게 대처할 것인가?" 이 질문에 대한 답을 내릴 수 있다면 관심의 초점을 남을 탓하는 데서 자신의 인생을 스스로 책임지는 데로 옮길 수 있을 것이다.

떠안게 된 인생의 책임

당신은 선택할 수 있다. 이 세상에 자신 외에는 당신과 당신 인생을 책임질 사람이 아무도 없다. 배우자가 함께 외출하기 싫어한다면 혼자라도, 아니면 친구들과 외출할 수 있을 것이다. 한 시간 이상씩 운전해야 하는 출퇴근길이 싫어진다면 집 근처에 있는 새 직장을 알아보든지, 아니면 거처를 직장 근처로 옮기면 된다. 부모님이 당신을 힘들게 하거나 전혀 변화될 가능성이 없다면, 그분들과 언제 어떻게 시간을 보낼 것인지 당신이 자유롭게 결정할 수 있다.

배우자가 결혼 상담을 받으려 하지 않는다면 당신이라도 부부관계에 방해를 주고 있는 장애물을 극복하기 위해 혼자서 상담을 받을 수도 있다. 어쩌면 당신은 하루에도 몇 번씩 오는 독촉 전화 때문에 스트레스의 원인을 신용카드 회사 탓으로 돌리고 있을 것이다. 그러나 책임을 회피하는 대신 재정 상담자나 단체로부터 도움을 받아 재정적인 위기에서 벗어날 계획을 세우고 돈을 관리하는 기술을 배워 장기적인 안정을 얻을 수도 있다.

신디아는 잭슨과 결혼한 지 18년이 됐다. 결혼 생활 내내 그녀는 남편과 세 자녀를 위해 늘 정성스레 식사를 준비했다. "요리하는 일이, 그리고 식사 후 혼자서 설거지를 도맡아 하는 일이 몹시 싫었어요. 공평치 않은 것 같아요."

그녀는 수년에 걸쳐 이 문제에 대해 불평했다. 혼자서 가사를 도맡아 하는 것이 정숙한 아내의 임무라고 믿었던 까닭이다. 결국 이 문제로 억울한 마음이 들었고, 남편을 향해 비꼬는 말을 던지거나 거리감을 두게 되었다.

이후 신디아는 교회의 소그룹 모임에 참여하게 되면서 그곳에서 자신을 존중하는 방법을 배우며 성장하게 되었다. "이제 더 이상 남편을 비난하지 않아요. 내가 원하는 것을 말로 표현하는 것이 온전히 내 책임이라는 것을 알게 되었거든요. 필요하다면 평지풍파라도 일으켜야 해요."

사실 신디아의 남편은 가사 일을 분담하는 일에 매우 적극적이었다. 단지 신디아가 조금도 요구하지 않았을 뿐이다. 그녀가 남 탓하기를 중단하고 자신의 기호와 필요에 책임을 지기 시작했을 때 그것은 단순하지만 심오한 삶의 교훈을 입증해 주었다.

미셸은 남편 빌과의 부부 관계에서 어려움을 겪고 있었다. "그가 변한다면, 모든 것이 놀랍게 바뀔텐데." 미셸은 하나님이 남편을 '고치셔서' 모든 것을 바로잡아 주실 것을 기도했지만 그런 기적은 일어나지 않았다. 1년의 시간이 흐르고, 다시 5년의 세월이 흘러 어느새 10년이 지나 버렸다.

"결국 … 나의 오랜 고통과 분노는 우울증으로 나타나고 말았어요." 그녀는 한탄하며 말했다. "하지만 마침내 하나님이 나를 만나 주셨죠. 그리고 실은 나한테 문제가 있다는 것을 보여 주셨어요. 우리 부부의 성적 어려움이 결혼 생활 동안 쌓였던 모든 건강하지 못한 것들의 증상에 불과했다는 사실을 말이에요." 미셸은 자신의 행복과 서로를 위해서 전문적인 중재자가 필요함을 인식했고, 자신의 문제에 대해 책임을 지기로 결단했다.

"하나님께서 우리 부부를 엉망진창의 관계에서 건져 주셨어요. 그것은 오랜 시간 정직한 마음으로, 애써 노력하며, 용기 있게 책임지려고 했기에 가능한 일이었어요. 그 결과로 지금은 친밀하고 안정된 부부 관계를 즐기고 있답니다. 하나님께 '남편을 고쳐 주시길' 애원할 때는 상상도 할 수 없었던 일이지요." 남편 또한 미셸이 더 이상 그를 탓하지 않는 것과 희망의 끈을 절대 포기하지 않은 것에 대해 깊은 감사를 표현했다.

하나님이 주신 자유의 장비

위대한 고전인 《오즈의 마법사》에 등장하는 인물들, 곧 도로시와 허수아비, 양철 나무꾼과 사자는 자신들을 해방시켜 줄 무엇인가를 외부에서 찾고 있다. 도로시는 집으로 돌아갈 방법을 찾았고, 허수아비는 사고할 수 있는 뇌를, 양철 나무꾼은 뜨거운 심장을, 그리고 사자는 용기를 찾고 있었다.

불만스러웠던 긴 여행이 끝나고 마침내 목적지에 도착한 후에 그들은 놀라운 사실을 깨닫게 된다. 오직 마법사만이 줄 수 있다고 믿었던 특징들을 이미 자신들이 소유하고 있었다는 것이다. 그들에게 필요했던 것은 다만 위험을 감수하고 그것들을 사용하는 일이었다. 허수아비는 자신이 뇌를 소유하고 있다는 말을 듣자마자 수학 문제들을 풀기 시작했다. 양철 나무꾼의 심장 소리는 그가 다른 사람을 사랑할 수 있는 능력이 있음을 확인시켜 주었다. 비겁했던 사자는 용기의 메달을 수여받고 난 후 자신의 용맹함을 재발견했다. 그리고 도로시는 언제든지 집으로 돌아갈 수 있는 능력이 이미 자신 안에 있음을 깨달았다. 도로시는 자신이 겪은 시험을 통해 가족의 중요성을 깨닫게 되었고 마침내 집으로 돌아가기로 결심하게 된다. 어느 누구도 그 결정을 대신 해줄 수 없었다.

이처럼 하나님의 형상을 따라 창조된 우리도 하나님께선 이미 주신, 자유 안에 살아갈 수 있는 권한과 책임을 지니고 있다(창 1:26-31). 예를 들어 어떤 선택을 해야 할 때, 내 영역의 경계를 정해야 할 때, 자신이 좋아하는 것을 밝혀야 할 때, 혼자서 생각하거나 느낄 때, 우리는 누군가의 허락을 받을 필요가 없다. 이런 능력들이 우리 안에 이미 있기 때문이다. 하지만 《오즈의 마법사》에 나오는 인물들처럼 우리도 주어진 능력에 대해 책임을 져야 하고 그것들을 사용해야 한다. 그중에는 우리 삶의 선택에 대해 책임질 줄 아는 자유도 포함된다.

자유를 위한 도구 상자

우리 삶을 선택할 수 있는 자유를 되찾기 위해, 그리고 다른 사람들도 그럴 수 있도록 도와주기 위해 나는 수년간의 노력 끝에 자유의 도구 상자를 고안해 내었다.[1] 이것은 유명한 심리학자인 버지니아 사티어(Virginia Satir)가 발명한 도구 상자를 내 식으로 적용하고 확장시킨 것이다.

상자 안의 아홉 가지 도구들은 우리가 남 탓하기를 중단하고 스스로 책임지는 삶을 살고자 할 때 우리에게 꼭 필요한 것들이다. 각각의 도구는 하나님의 형상을 따라 빚어진 인간으로서 또한 예수 그리스도를 따르는 자로서 우리가 가진 권한과 책임을 상기시켜 준다. 아래의 목록들은 단순하지만 인생을 변화시킬 수 있는 유익한 도구들의 개요이다. 이것들을 배우기는 쉽지만 막상 실제로 적용하려면 쉽지만은 않을 것이다.

아홉 가지 도구들은 다음과 같다.

- 분리의 담(자기 영역의 경계를 정한다)
- 선언의 목소리(큰 소리로 자신 있게 말한다)
- 예/아니오의 메달('예'/'아니오'라고 말한다)
- 감정을 느끼는 마음(자신의 감정에 귀를 기울인다)
- 자신 돌봄의 산소 마스크(자신을 보살핀다)

- 자기 직면의 거울(자신을 직면한다)
- 희망의 열쇠(희망을 잃지 않는다)
- 지혜의 모자(신중하게 생각한다)
- 용기의 배지(용기를 낸다)

분리의 담을 지켜라

담은 경계를 의미한다. 우리는 담을 통해 이웃집 마당이 어디에서 끝나는지, 우리 집 마당은 어디에서 시작하는지 알 수 있다. 경계를 정하는 일은 창조의 시초부터 있었던 일이다. 성경을 보면 하나님은 무질서에서 질서를 끌어내기 위해 하늘로부터 땅을, 육지로부터 바다를, 그리고 낮으로부터 밤을 분리시키셨다.

하나님은 또한 독립성을 지닌 인간을 창조하셨다. '존재'라는 단어는 '분명히 다르다'라는 단어에 그 기원을 두고 있다.[2] 에덴동산에 두 사람이 있기 전에 먼저 한 사람이 존재했다. 아담과 하와는 서로 다른 개별적인 인간으로서 각자의 정체성을 가지고 있었다. 독립된 개인으로서의 정체성은 건강한 함께 있음을 위한 결정적인 요소였다.

이와 마찬가지로 하나님은 우리에게 경계를 허락하셨다. 그래서 어디가 우리 영역의 끝이고 다른 사람의 시작인지 알 수 있게 하셨다. 이 경계 안에는 자신의 생각들, 감정, 희망, 꿈, 두려움, 가치 그리고 믿음들이 포함되어 있다. 그것들은 우리를 다른 사람들로부터 차

별화시키고 개인의 독립성을 상기시켜 준다. 예를 들어 누군가가 내가 원하지 않거나 동의하지 않는 일을 하라고 강요하도록 방치했을 때 나는 그가 내 경계를 넘어오도록 허락한 것이다.

몸의 중요한 경계로는 피부를 예로 들 수 있다. 피부와 피부 안에 있는 모든 것은 다른 누구도 아닌 자기 자신에게 소유권이 있다. 결혼한 여성이든 미혼이든 자기 몸은 자신이 감당해야 한다. 스스로를 존중해야 하고 다른 사람 또한 그것을 존중하도록 확실히 해야 한다. 너무나 많은 사람들, 특히 여성들이 그들 피부의 경계가 침범 당하는 것을 허용하는 것 같다. 누군가가 당신 피부의 경계를 넘어온다면 그래서 당신이 불편함을 느낀다면 분명하게 '아니오'라고 말할 권리와 책임이 있다.

우리는 자신의 경계를 확립하고 강화할 뿐만 아니라 다른 이들의 경계도 존중해야 한다. 이는 우리가 '다르다'라는 것을 가치 있게 여길 때 가능한 일이다. 자신의 생각과 의견이 다른 사람과 다르더라도, 비록 그것이 남들과 크게 다를지라도 다른 사람의 선택을 존중해야만 한다. 그들을 하찮게 여기거나 악마처럼 생각해서는 안 된다. 다른 사람들이 어떻게 생각하고 느껴야 할지 간섭하기 시작한다면 분리의 담을 넘어서는 것이다. 우리는 종종 상대방의 경계를 침범하는 이러한 발언들을 하곤 한다.

"정말 터무니없군요. 어떻게 그런 생각을 하죠?"

"당신은 화를 내서는 안 돼요."

"그 영화가 좋았다니 믿을 수가 없군요!"

"당신은 나한테 관심이 없어요. 그래서 전화도 안 하는 거예요."

분리의 담은 예전에는 무력함을 느끼게 했던 상황들에 대해 이제는 다르게 반응할 수 있는, 단순하지만 강력한 도구다. 큰 목소리로 자신을 주장하기를 두려워하거나 다른 사람의 삶에 묻혀 자신을 잃어버리는 대신, 뚜렷한 개인의 자유성을 선언하고 고유의 생각과 감정들을 표현하게 한다. 직장에서 자신이 존중받지 못한다고 느낄 때 그것을 좌시하지 않고 다음과 같이 말할 수도 있을 것이다. "다른 사람들 앞에서 나를 지적하는 것은 썩 달갑지는 않네요. 따로 불러서 주의를 주었으면 좋겠어요."

경계를 정하는 것이 힘들다면 그것은 아마 제대로 된 본을 본 적이 없거나 연습한 적이 없기 때문이다. 어쩌면 당신은 성장하는 동안 성적, 육체적, 혹은 감정적 학대를 겪은 가정폭력의 피해자였을 수도 있다. 그럴 경우 독립이라는 울타리를 만드는 일이 하나님의 능력과 거의 영웅적인 수준의 용기와 주변 사람들의 도움이 필요할 수도 있다. 그럴 때는 도움을 청하라. 충분히 배울 수 있다. 당신은 충분히 가치 있는 사람이기 때문이다.

기억하라. 만약 사람들이 우리의 경계를 침범한다면 그것은 우리가 그렇게 하도록 허락했기 때문이다. 오직 당신만이 자기 경계를 지킬 수 있는 사람이다.

선언의 목소리를 사용하라

이것은 타고난 당신의 독립성을 주장하기 위해서 없어서는 안 될 필수적인 도구이다. 선언의 목소리는 자신의 생각과 느낌을 다른 사람들에게 전달하며 대변할 수 있는 능력을 의미한다.

만약 당신이 자라면서 원하는 것과 필요를 요구하는 것이나 불쾌한 것을 소리 내어 말하는 것이 예의 바르지 못하다고 배웠다면, 자신의 생각을 공표하는 일이 상당히 힘든 도전일 수 있다. 어쩌면 당신의 아버지가 절대로 욕하지 말 것을 가르치면서 본인은 욕을 했을 수도 있다. 가정 안에 있던 무언의 규칙 안에는 "아버지의 이중성을 발설해서는 안 돼"라든지 부모의 과도한 음주나 분노, 우울증 등을 언급하지 말 것도 포함되었을 수 있다. 그래서 자기 목소리를 사용하여 진실을 밝히는 일은 위험하다고 배웠을 수도 있다.

이제 당신은 성인이 되었다. 오직 당신 외에는 자신의 필요와 요구, 그리고 진실을 말할 사람이 아무도 없다. 자신을 가장 잘 아는 전문가는 자기뿐이기 때문이다. 당신이 필요로 하는 것, 선호하는 것, 그리고 중요하다고 여기는 것들을 스스로 말하지 않으면 아무도 대신해서 말해 줄 수 없다. 자기를 표현하고 선언하는 일에서 명백하게, 정직하게, 그리고 존중하는 마음으로 할 책임을 홀로 져야 한다.

자신을 대변할 때 중요한 것은 타인이 아닌 자신의 유익을 위해 말해야 한다는 것이다. 우리는 종종 사람들의 의견이 우리와 같지 않을 때 그들이 우리와 맞서고 있다고 생각한다. 이는 진실이 아니며 그저 우리와 생각이 다를 뿐이다. 지구 온난화나 경제 문제 또는 동성 결혼에 대한 나의 신념이 당신과 다르다고 해서 당신한테 적대적이고 까다롭게 구는 것이 내가 추구하는 바는 아니다. 나는 단지 가치 있다고 여기는 것과 나의 신념에 충실할 뿐이다.

피터에게 오늘 저녁은 혼자 있고 싶다고 말하는 것은 그와 맞서는 일이 아니다. 남편을 사랑하고 그와 함께 시간을 보내는 것이 즐겁지만 더 잘 사랑하기 위해 먼저 내 감정의 배터리를 충전시켜야 하는 것이다. 가령 내가 영화를 보러 가자는 제안을 거절했다고 해서 그것을 사적인 감정으로 받아들여서는 안 된다. 난 단지 집에서 좀 쉬고 싶었을 뿐이다.

나의 필요나 선호하는 것들을 공표하는 일은 아직까지 더 노력해야 할 부분이다. 최근에 선물로 받은 상품권으로 마사지 치료를 받은 적이 있다. 마사지는 내가 휴식을 취하고 싶을 때 자주 찾는 방법 중 하나다. 마사지를 받는 동안 머리와 목의 어색한 자세 때문에 어깨에 통증이 왔다. 마사지 치료사에게 머리를 받혀 줄 베개를 요청했지만 그녀는 목 마사지가 끝날 때까지 몇 분을 더 기다려 달라고 제안했다. 하지만 심해지는 통증으로 더 이상 참을 수가 없어서 좀 더 강하게 요청했다. "제발 베개를 주세요. 통증이 너무 심하네요."

마사지가 이어지는 동안 나는 치료사가 뭉친 근육들을 풀 때 충분한 압력을 사용하고 있지 않는 것을 느꼈다. 그래서 속으로 이렇게 생각했다. "하필 세 번씩이나 요구를 해야 하나? 투덜대는 고객으로 낙인찍히기는 싫은데." 하지만 잠시 후 스스로에게 말했다. "아니야, 제리. 넌 원하는 걸 요구할 권리가 있어. 기분 좋으라고 받는 마사지 잖아. 그리고 이 사람도 일에 대한 마땅한 대가를 받는 거니까."

그래서 나는 좀 더 세게 만져 줄 것을 부탁했고 그녀 또한 흔쾌히 받아들였다. 그날은 일상 속에서 선언의 목소리를 도구 상자에서 꺼내는 일이 얼마나 힘든지를 다시 한 번 상기할 수 있었던 날이었다.

우리의 일상은 자신을 선언할 많은 기회와 도전으로 가득 차 있다. 우리는 용기 내어 그것들을 실행할 수도 있고 혹은 두려움과 죄의식에 휩싸여 뒷걸음칠 수도 있다. 예를 들자면 다음과 같은 발언들이다.

> (식당에서) "여기보다는 다른 자리로 옮겼으면 해요."
> (부모님이나 친척들에게) "이번 성탄절에는 못 갈 거 같아요. 그냥 집에 있기로 결정했거든요."
> (차 안에서) "커브 길에서 제한 속도보다 빨리 가는 것이 싫어요. 위험하게 느껴지거든요."
> "환경을 보호하는 것은 가치 있는 일이라고 여겨요. 그래서 우리 가족은 이제부터 플라스틱 병을 사용하지 않기로 했어요."

(미용실에서) "잠깐만요. 머리 스타일이 내가 원하는 대로 나오지 않은 것 같아요."

"회의 시간 중에는 이메일을 보지 마세요."

"그 행사에 참석하고 싶지 않아요. 집에서 좀 쉬고 싶어요."

(새로운 직장을 알아볼 때) "이 일에 대한 월급과 복지 혜택은 정확히 어떻게 되지요? 협상도 가능합니까?"

선언의 목소리를 사용한다는 것은 다른 사람을 통제하거나 이용하려는 것이 아니다. 오히려 자신과 다른 이들을 깊이 존중하는 태도와 마음가짐으로 말하는 것이다. 우리가 사용하는 말에는 그 어떤 분노나 방어적인 어조도 실리지 않는다.

또한 목소리를 사용하여 자신의 의견들을 발표하기도 하고 이해되지 못한 것들에 대한 혼란스러움을 표현하기도 한다. 다소 불편할지라도 그럴 권리가 있다.

하나님은 목소리를 가지고 계시며 그것을 사용해 말씀하신다. 그분의 형상을 따라 창조된 우리 또한 목소리를 지니고 있다. 그것을 사랑 안에서 힘 있고 강력한 방법으로 사용하도록 부름 받았다. 그것이 하나님이 주신 선언의 목소리이다. 그것 없이는 하나님께로부터 온 독특한 우리의 삶을 살아갈 수 없다.

'예'와 '아니오'이 두 단어는 자유를 위해 특별히 중요한 도구이다. 이것은 강력한 힘을 가지고 있으며 각각 특유의 도전들을 우리에게 제기한다.

우리 중 대다수는 '아니오'라고 말하는 것에 죄책감을 느낀다. 사람들은 타인이 자신을 좋아해 주기 바라고 그들을 실망시키고 싶지 않다. 그리스도를 닮아야 하는 우리들에게 '아니오'라고 대답하는 것은 뭔가 그리스도인답지 않게 보인다. 그러나 성경의 예들을 보면 예수님 또한 사람들을 여러 번 실망시키셨다.

예수님은 자신을 왕으로 세우려는 무리에게 '아니오'라고 말씀하셨다(요 6:14-16).

십자가를 지지 말라고 권유하는 베드로에게 '아니오'라고 답하셨다(마 16:21-23).

자신을 메시아라고 선언하지 말라고 요구하는 종교 지도자들에게도 '노'라고 말씀하셨다(요 9:35-39).

회당을 떠나 집으로 돌아올 것을 청하는 가족들에게도 '아니오'라고 대답하셨다(눅 23:35-39).

십자가에서 내려와 자신이 하나님의 아들인 것을 증명해 보이라는 군중들에게도 '아니오'라고 반응하셨다(눅 23:35-39).

만약 예수님이 사람들이 실망할까 두려워 '아니오'라고 말씀하지 않으셨다면 하나님이 주신 목적과 사명을 완수하지 못했을 것이다. 당신의 삶이 아닌 다른 사람의 기대치에 부응하는 삶을 살았을지도 모른다. 우리 역시 하나님이 계획하신 각자의 사명을 성취하려면 반드시 건강한 '아니오'를 연습해야 한다.

중요한 것은 '예'와 '아니오' 둘 다 좋은 단어임을 이해하는 것이다. 다시 한 번 말하지만 내가 '아니오'라고 말할 때 그것은 당신을 반대하는 것이 아니라 나를 위하는 것이다. 나의 '아니오'가 혹여 누군가를 슬프게 할지라도 그것이 나를 나쁜 사람으로 만드는 것은 아니다. 가장 중요한 것은 '아니오'라고 말하고 싶을 때 '예'라고 말하면 자신의 진실성이 약화되고 자신과 상대방 모두 상처를 입게 된다는 것이다. 적절한 때에 '아니오'를 사용할 수 있는 것은 모든 성숙한 성인들의 권리이다.

"오늘은 당신을 도와줄 수가 없어요."

"아니오. 이번 토요일에는 아이들을 봐줄 수가 없어요."

"아니오. 이번 주에는 오지 않을 거예요."

"아니오. 이번에는 초대에 응하지 않겠습니다."

"오늘 밤에는 네 친구를 집까지 데려다주고 싶지 않구나."

건강한 '예'를 사용하려면 먼저 '아니오'라고 말할 수 있어야 한다. 건강한 '예'는 뭔가를 원할 때, 그리고 그것을 할 수 있을 때 자연스럽게 우러나온다. 그것은 조금의 억울한 마음도 없이, 아무런 조건도 없이, 충만한 기쁨 가운데 나오는 것이다.

> "응, 오늘은 언제든지 전화해도 좋아."
> "당신을 가게까지 데려다 줄 수 있어서 행복해요."
> "그럼요, 회의 장소까지 운전하게 되어 기쁩니다."
> "물론이지. 내일 밤 당신과 함께할 시간들이 기대되네."
> "그래, 당신이 혼자만의 시간을 가질 수 있도록 내가 아이들을 돌볼게."

이번 한 주 동안 '예'와 '아니오' 메달을 목에 걸고 있는 자신의 모습을 상상해 보라. 선택과 결정의 기회들이 주어졌을 때 어느 쪽이 당신에게 유익한지 생각해 보고 손에 쥔 메달의 방향을 결정하라.

감정을 느끼는 마음의 소리에 귀기울이라

마음의 도구는 정기적으로 내 안에서 일어나고 있는 감정들을 주의 깊게 들여다볼 시간들이 필요함을 상기시켜 준다. 그 감정들은 하나님과 내가 만나는 중요한 표시들이며 방법들이다. 자신의 감정을 흥분시키는 사건들, 사람들 그리고 사물들은 나를 유일무이한 인간으로 존재하게 하는 것들 중의 한 부분이다. 예를 들어 무엇이 우리 영혼을 기쁘게 하고 생명을 주는지 깨달을 때, 우리는 기쁨과 즐거움을 주는 것들을 잘 추구할 뿐 아니라 정확하게 주장할 수 있게 된다.

한번은 피터가 저녁식사 중에 걸려오는 전화를 받았을 때 화가 나는 것을 느꼈다. "당신은 나와 아이들이랑 충분한 시간을 보내지 않아요!"라고 그를 탓하며 화를 내는 대신 나는 내면의 감정에 귀 기울이기 시작했고 그 감정이 무엇인지를 파악하게 되었다. 그것은 내가 존중하는 무엇이 침범당하고 있다는 신호였다. 그것을 안 후에 나는 피터에게 내 생각을 주장할 수 있었다. "피터, 저녁식사 동안은 휴대폰을 꺼놓았으면 좋겠어요. 그래야 우리가 방해받지 않고 가족들만의 시간을 가질 수 있을 것 같아요."

이 도구를 사용한다는 뜻은 나의 실망과 아픔들을 인정한다는 것을 의미한다. 그것은 특별한 날 맛없는 레스토랑 음식 때문에 느낀 작은 실망에서부터, 나아가 모두가 간절히 원하는 일을 잡으려다 놓쳤을 때 느끼는 좌절에 이르기까지 광범위하다.

나는 오랫동안 '실망한다는 것은 감사할 줄 모르는 것이고, 감사할 줄 모르는 것은 나쁜 것'이라는 잘못된 신념을 간직하고 살아왔다. 만성적인 불평은 사람들에게 불안감을 조장하기도 한다. 그러나 자신의 실망감을 겸손하게 인정하는 일은 속마음을 드러내는 일이다. 그 안에는 우리의 연약함, 자격 없음도 포함되어 있다. 하나님은 이를 통해 닫힌 마음을 여시고 우리와의 만남이라는 분위기를 조성하신다.

내 마음의 감정들을 도구로 사용하는 것은 나의 행복한 감정을 인정하는 일도 포함된다. 어느 여름, 가족 휴가를 즐기기 위해 산 속에 위치한 가족 휴양 캠프장에 도착했을 때, 차에서 내리면서부터 내 안에 에너지와 기쁨이 샘솟는 것을 느꼈다. 한 주 내내 하이킹, 수영, 보트, 카약, 수채화 수업, 미용, 그리고 가족과 함께 시간을 보내며 그야말로 실컷 즐겼다. 그때 느꼈던 깊은 환희는 휴가와 생활 방식 둘 다에서 변화를 꾀해야 함을 알게 된 계기가 되었다.

매일 자신에게 질문하는 시간을 가져라. "어떤 기분이 드는가? 무슨 일 때문에 화가 나는가? 슬픈 일이 있는가? 불안한가? 기쁜가?" 일기를 쓰면서 스스로에게 물어보라. "하나님은 이 감정들을 통해 내게 무엇을 말씀하고 계시는가?"

돌봄의 산소마스크를 준비하라

아이와 함께 비행기 여행을 할 경우, 혹시나 일어날 수 있는 비상사태에 대비해 보호자가 아이보다 먼저 산소마스크를 착용할 것을 교육받는다. 왜 그럴까? 자신이 숨을 쉴 수 없는 상태에서는 남을 도와줄 수 없기 때문이다. 다음과 같은 유명한 속담이 있다. "자신이 행복하지 않은 사람은 많은 사람들을 도와줄 수 없다." 다시 말해 다른 사람들을 돌보고 싶다면 나 자신부터 돌보아야 한다는 말이다.

돌봄의 산소마스크를 착용한다는 것은 자신을 새롭게 하고 생명을 불어넣는 일들을 하라는 의미이다. 이것은 당신의 소원들과 꿈들, 당신이 온전히 살아 있다고 느끼게 하는 것들과의 접촉을 의미한다. 작가 파커 팔머는 이렇게 질문한다. "나는 하나님이 원하시는 삶을 살고 있는가?"

우리는 자신의 인생을 살아가기보다 다른 사람들의 기대에 부응하는 삶을 살기 쉽다. 하지만 시간이 흐를수록 자신의 삶을 위한 시간들은 천천히 사라지고 말 것이다. 당신은 다른 사람들의 요구를 들어주다가 정작 자신의 시간은 허비하지는 않은가? 혹은 정기적으로 자신이 좋아하는 일을 하고 있는가?

피터와 나는 25년 넘게 뉴욕 시의 퀸즈에 위치한 뉴 라이프 펠로십 교회를 섬겼다. 교회를 출석한 첫날부터 지금까지 우리는 모래알 같이 많은 교인들의 요구 속에 에워싸여 있었다. "두 분은 어떻게 살아남을 수 있었나요?" 사람들이 이렇게 질문할 때마다 이렇게 대답한다. "우리는 사람들을 사랑해요. 그리고 우리의 섬김은 그리스도를 향한 사랑에서 비롯됩니다. 동시에 우리가 굳이 없어도 되는 존재라는 것을 알고 있죠. 그래서 의도적으로 산소마스크를 쓰곤 한답니다. 처음 8년 동안은 자신을 돌보는 일에 소홀했어요. 그 결과 거의 만신창이가 되었지요. 정서적으로 건강한 영성을 향한 여정은 내면과 외면, 이 둘의 균형을 발견해 나가는 과정이었어요."

피터와 나는 안식을 지키는 일에 헌신적이다. 매주의 안식일, 매 여름마다 한 달 간의 안식, 그리고 7년마다 3개월 내지 4개월 정도의 안식 기간을 가진다. 이렇게 안식하는 동안 우리에게 생명을 공급하는 일들을 좇는다. 그것은 하이킹, 음악 감상, 독서, 새로운 곳을 경험하기, 자전거 타기, 전통 식당에서 식사하기, 자연, 비치, 우리의 대가족 그리고 네 딸들과 시간 보내기 등이다.

당신에게 신선한 공기를 공급하는 산소마스크를 찾아보라. 아마도 콘서트에 가기, 망원경으로 별들 관찰하기, 독서 모임에 참여하기, 스포츠 팀에 들어가기, 도자기 만들기, 목재 작업, 정원 가꾸기, 낚시, 요리, 극한 스포츠 참여, 시 쓰기, 예술 작품 만들기, 누비이불 만들기, 또는 단순히 친구들과 시간 보내기 등을 꼽을 수 있을 것이다.

질문은 간단하다. "나는 내가 온전히 살아 있다고 느끼며 내 생명에 호흡을 불어넣는 것들을 추구하고 있는가?" 일주일에 하루는 하던 일을 모두 멈추고 당신에게 생명을 주는 것에 집중할 수 있는가? 해야 할 일의 목록들을 잠시 내려놓고 휴식을 취하며 하나님이 당신 주변에 주신 선물들을 만끽해 보라. 이를 위해 하루를 비울 것을 고려해 보라.[3]

자기 직면의 거울 앞에 서라

자기기만으로부터 벗어나기 위해서는 자신을 직면하는 거울이 반드시 필요하다(렘 17:9). 이 거울 앞에 선다는 것은 우리의 단점들과 실패, 실망들을 공손히 인정하며 스스로가 책임질 방법들을 강구함을 의미한다. 이것은 다른 사람의 눈 속에 있는 티를 빼려고 하기 전에 자신의 눈 속에 있는 들보를 빼어야 한다고 하셨던 예수님의 말씀을 실천하는 것이다(마 7:1-5).

우리는 잘못에 대한 책임을 떠안으려 하기보다는 남 탓으로 돌리기를 좋아한다. 나는 늘 뉴욕 시에서 보내는 여름이 싫다고 피터에게 불평하곤 했다. 하지만 마침내 자기 직면의 거울 앞에 섰을 때 친정에서 여름을 보내며 남편의 화를 부추기는 위험을 감수하는 것보다 차라리 그를 탓하는 편이 더 쉬웠다는 것을 깨닫게 되었다. 나의 우울함을 그의 탓으로 돌림으로써 남편의 반감을 살지도 모른다는 두려움을 회피했다. 그 당시에는 두려움과 마주하는 것이 죽기보다 싫었다.

내 눈 속에 있는 들보를 꺼내고 난 후에야 나는 자유를 행사할 수 있었다. 피터를 비난하는 것을 중단하고 스스로의 행복을 책임지게 되었고 자유의지로 부모님의 집에서 여름휴가를 보내기 시작했다. 비록 그런 나의 결정을 처음에는 피터가 찬성하지 않았지만 난 개의치 않았다.

자기 직면은 사용하기 어려운 도구처럼 보이지만(사실 이 일에는 두려움이 따른다), 자신의 내면에 존재하는 괴물을 정면으로 직시할 수 있는 힘을 주는 강력한 도구임에 틀림없다. 그것은 당신이 남 탓하기를 중단할 수 있도록 해주고 자기 인생을 되찾을 수 있게 도와준다. 일상에서 자기 자신을 직면한다는 일은 다음과 같은 것들이다.

- 당신이 불행한 이유가 현재 다니고 있는 직장 때문이라는 불평

을 멈추고 자신의 두려움에 맞서 다른 직장을 찾아본다.
- 성인 자녀들의 무책임한 돈 관리에 대해 불평하는 것을 멈추고 부모로서 그들에게 계속 재정을 지원해 왔던 것이 오히려 해가 되었음을 인식한다.
- 늘 지나치게 요구하는 부모님에 대한 불평을 그치고 문제를 해결해 달라고 요청하는 부모님께 '아니오'라고 답하지 못했던 자신의 진짜 문제를 발견한다.
- 교회에서 요구하는 봉사와 섬김이 지나쳐서 기력이 소진되었다고 탓하는 일을 그친다. 그 대신 어떤 이유로 자신이 적절하고 건강한 경계들을 정하지 못하는지 파악하고, 자신의 내면을 탐험하는 힘든 여정을 시작한다.
- 직장에서 발표를 망친 것에 대해 다른 동료의 탓으로 돌리는 대신, 강한 자존심 때문에 동료들의 도움을 구하지 못했던 것과 발표 후 피드백을 듣기 거북해 했던 자신의 마음을 인정한다.

이 도구를 잘 사용하지 못하면 우리는 결코 자유롭게 자신의 인생을 선택하는 삶을 살지 못한다. 교황 바오로 2세는 다음과 같이 말했다. "진리와 자유는 서로 밀접하게 연결되어 있어서 함께 가거나 아니면 고통 가운데 같이 멸망한다." 이처럼 온전한 진리 없이는 온전한 개인의 자유도 얻을 수 없다.

지난 한 주간을 돌아보자. 하지 않았더라면 더 좋았을 말들이 있는가? 당신이 취했던 어떤 태도나 행동 가운데 후회할 만한 것이 있는가? 당신의 마음속에는 어떤 일이 있었는가? 한 주간을 새롭게 다시 시작할 수 있다면 무엇을 바꾸고 싶은가? 만약 누군가에게 사과할 일이 있다면 용기 내어 행동으로 옮길 수 있게 달력에 메모를 해두라. 자책하지 않도록 주의하라. 우리는 하나님이 약속하신 말씀을 믿고 자신의 잘못을 깨달아 고백하기만 하면 된다. "만일 우리가 우리 죄를 고백하면 그는 미쁘시고 의로우사 우리 죄를 사하시며 우리를 모든 불의에서 깨끗하게 하실 것이요"(요일 1:9).

희망의 열쇠로 진리의 문을 열라

창조 때부터 지금까지 하나님은 우리에게 늘 희망을 주셨다. 우리가 매 겨울과 여름마다 죽음과 생명의 순환을 관찰하듯이 희망은 계절을 따라 그 옷을 갈아입는 자연 안에 내장되어 있다. 예수님의 생애를 통해서도, 그분의 죽음과 장사, 그리고 부활을 근거로 우리는 살아 계신 하나님이 당신의 자녀들에게 희망을 주시길 갈망한다는 사실을 구체적으로 알 수 있다.

희망의 황금 열쇠는 이 진리의 문을 열고 우리를 과거라는 삶의 감옥으로부터 해방시켜 준다. 희망이 없는 삶은 마치 자동차에 백미러만 장착한 채 전진하려는 것과 같다. 과거에 대한 지나친 집착은 미래를 향해 나가지 못하도록 방해한다.

삶이 힘들어지면 부정적인 생각의 고리에서 빠져 나오기가 쉽지 않다. "다시는 그런 일이 일어나지 않게 할 거야"라고 스스로에게 다짐하지만 결국은 자신의 모든 에너지를 원하지 않는 것을 생각하는 일에 다 써버리고 마는 것이다. 하지만 희망의 열쇠는 더욱 중요한 질문으로 우리의 시선을 돌리게 한다. "나는 무엇을 원하는가?" 우리는 성령의 도움으로 이 질문에 답하면서 자유 안에서 스스로가 만들어 갈 수 있는 보다 나은 미래를 책임질 수 있을 것이다. 게다가 후회나 분노, 그리고 남을 탓하는 일에서도 자유로울 수 있을 것이다.

희망이라는 것은 우리가 잠겨 있다고 믿고 있는 문들을 열어 주는 열쇠가 된다. 예를 들어 나는 그동안 여러 차례 사모로 살아가는 한 절대로 즐겁거나 만족스러울 수 없을 것이라 체념하곤 했다. 과거의 패턴은 미래에도 계속될 것이고, 그것을 바꿀 수 있는 능력이 내게는 전혀 없다고 믿었다. 그러나 그것은 사실이 아니었다. 복음은 천국을 향한 우리의 소망뿐 아니라 지금 이곳의 삶에서도 끊임없이 희망을 제공하고 있다. 아무리 과거가 힘들었어도 과거의 불행이 더 나은 미래의 불가능을 의미하지는 않는다.

아마도 당신의 가족들이 자기의 힘든 감정을 어떻게 표현하는지 몰랐을 것이다. 하지만 이제부터 배우면 된다. 당신은 사람들과 어떻게 신뢰를 쌓아야 할지 알지 못한다. 하지만 배우면 된다. 당신은 어떻게 친밀한 관계를 가지는지 알지 못한다. 하지만 배우면 된다. 당신은 어떻게 하면 자기 목소리를 사용해서 솔직하고, 직접적으로, 공손한 방식으로 자신을 주장해야 하는지 모른다. 하지만 배우면 된다.

자신과 직면하는 일이 죽을 만큼 두렵다. 하지만 살아남기 위해서 뿐 아니라 더욱 강해지기 위해 배울 수 있다. 갈등이라면 어떤 대가를 치르고라도 무조건 피하고 싶다. 하지만 두려워하지 않고 당당하게 그것과 맞서는 법을 배울 수 있다. 삶의 건전한 변화를 위해 필요한 훈련을 받을 수 있고, 자신이 원하는 미래를 추구할 수 있다. 배우면 된다.

그리스도는 그 어떤 최악의 상황에서도 그것을 회복할 수 있는 능력을 가지고 계신다. 우리는 이 능력 안에 우리의 희망을 두어야 한다. 그리고 그와 함께 긍정적인 미래를 만드는 일에 참여해야 한다. 그것이 하나님의 부름이다.

눈앞에 잠겨 있다고 믿고 있는 문들이 있는가? 과거로부터 벗어나 더 나은 미래를 시작하기 위해서는 잠긴 그 문들을 희망의 열쇠로 열어야 하지 않겠는가? 자신의 관점을 함께 나누고 사랑 안에서 정직한 피드백을 줄 만한 성숙한 조언자가 주변에 있는지 찾아보라.

지혜의 모자를 쓰고 판단하라

하나님은 우리가 어리석게 살지 않도록 지혜롭게 살 능력을 주셨다. 잠언은 인간에게 지혜의 모자를 씌워 주시려는 하나님의 초청으로 가득 차 있다. 마치 숨겨진 보물을 찾듯 하나님은 통찰과 깨달음의 세계로 우리를 초대하신다(잠 2:3-4). 지혜에는 많은 것들이 포함되어 있지만 여기서는 실제로 예측되는 결과를 예상하고 현명한 의사 결정을 내릴 때 응용할 수 있는 지혜의 중요성에 초점을 맞추고자 한다.

결과를 예측하는 지혜는 단기와 장기 결정들에 대한 주의 깊은 사고력을 필요로 한다. 맹목적으로 덤비거나 충동적인 결정을 하지 않는다는 말이다. 성경은 이런 자질을 신중함이라 부른다. "어리석은 자는 온갖 말을 믿으나 슬기로운 자는 자기의 행동을 삼가느니라"(잠 14:15). 신중함은 여러 가지 일을 결정할 때 요구되는데, 가령 중고차를 사거나 관계를 이어갈 때, 혹은 직장을 바꾸거나 새로운 약속을 할 때, 신용카드 빚이 쌓아갈 때, 혹은 사지 않아도 될 물건을 세일이라서 샀을 때 등 모든 면에서 적용된다. 중고차 가격이 적절한 것 같아서 구입했는데 한 달이 안 되어 차가 고장이 났다. 차를 수리하는 데 많은 비용이 드는 것을 보고서야 차를 구입하기 전에 정비사에게 감정을 받았어야 했다는 사실을 깨닫는다. 이런 사리분별력과 예지력을 연습할 때 자신의 인생과 미래를 책임지게 된다.

우리가 사역을 시작한 초창기에는, 예배를 더 늘리고 여러 개척 교회들을 세우면서 교회를 급하게 확장시켰다. 이로 인해 영향을 받게 될 직원들의 결혼 생활, 하나님과의 개인적인 관계 또는 늘어난 교인들을 목양해야 하는 우리의 역량 등을 전혀 고려하지 않았다. 그 결과로 지킬 수 없는 약속들을 했고 사람들의 기대에 미치지 못할까 봐 두렵고 염려스러웠다. 그래서 조급하고 현명치 못한 수많은 의사 결정들을 했다. 속도를 늦추고 천천히 시간을 가지면서 우리 결정들이 불러올 잠재적인 결과들을 예상했더라면 아마도 많은 어려움과 실망들을 피할 수 있었을 것이다.

많은 사람들은 예상 밖의 결과에 대한 불안감 때문에 결정하기 전 잠재적인 결과를 생각하는 데 많은 시간을 투자하지 못한다. 예를 들어 당신은 더 많은 보수를 제공하는 직장을 찾아서 지금의 직장을 관두기로 결심한다. 하지만 일자리를 옮겼을 때 따르는 길고 힘든 통근, 더 지출될 주유비, 연장될 근무 시간, 그리고 새 일자리에 적합한 의류비 등은 예상하지 못한다. 몇달 후 당신은 실제로 가져오는 월급이 예전보다 적다는 것을 확인하게 된다. 뒤늦게 이 사실을 깨닫고는 아마 이렇게 말할 것이다, "이것을 진작 알았더라면!" 혹은 "그때는 좋은 생각 같았는데."

지혜의 모자는 우리가 잠깐 멈추어서, 정보들을 수집하고, 그리고 난 후 문제에 대해 우리가 아는 것을 평가할 것을 제안한다. 이처럼 책임감과 주인의식을 가지고 자신의 방법들을 사려 깊게 살펴보는 것은 하나님이 주신 특권이며 선물이다. 어떤 결정을 하기 전에 반드시 그에 따르는 결과들을 비판적으로 생각해 보아야 한다.

이전에 잘못했던 결정들이 있는지 떠올려보라. 무엇을 어떻게 바꾸었으면 하는가? 후회되는 일은 무엇인가? 지금은 무엇을 깨달았는가? 당신이 배운 그 깨달음을 오늘날 당신이 직면한 현재의 상황

속에 어떻게 적용할 수 있겠는가?

용기의 배지를 달고 질문하라

용기의 배지는 건강한 모험을 택할 수 있게 도와준다. 이 도구는 우리를 향한 하나님의 사랑의 불길 안에서 다듬어졌기에 아주 강력하다. 하나님의 사랑을 얻기 위해 우리 가치를 증명해 보일 필요가 없기에 용감해질 수 있다. 그래서 모험도 할 수 있고 또한 정서적으로 그리고 영적으로 성숙한 어른으로 자라기 위해 불편하고도 어려운 일들을 감당할 수 있다. 개인의 자유를 지키는 일은 용기와 믿음을 필요로 한다. 상황들이 나아지기 전에 그것들이 더 나빠지지 않는다는 보장은 없다. 건강하지 못한 패턴에 맞서 당신의 거짓 자아로부터 벗어나기 시작했을 때 내면에서는 저항이 시작될 것이다. 당신은 착각 속에 있는 진정성 없고 잘난 체하는 모든 것들을 소멸시키기 위해 용광로 속으로 들어가고 있다.

진정한 삶을 택한다는 것은 쉬운 삶을 택하는 것이 아니다. 그러한 결정들은 종종 힘들고 고통이 따르는 일이다. 문제는 당신이 선택한 고통이 구원이 될 것인지 아니면 파괴가 될 것인지 하는 것이다. 구원으로 이어지는 고통은 옳은 것들을 위해 죽어야 할 것을 요구한다. 그래서 자신의 운명에 한 발 더 가깝게 다가서게 한다. 반대로 파괴로 이어지는 고통은 고통을 더 가중시킬 뿐 아무것도 이끌어내지 못한다. 단순히 같은 문제들만 되풀이되는 것이다. 용기의 배지를 달게 되면 자유의 도구 상자 안에 속한 모든 도구들을 사용해 보는 것이 가능해진다.

용기의 배지를 달고 다음 질문들을 숙고해 보자.

- 분리의 담: 어떤 영역에서 당신의 경계가 침범되도록 허용하는 가?
- 선언의 목소리: 어느 때 소리 높여 말하는 것이 어려운가? 예/ 아니오의 메달: 누구에게 '아니오' 라고 답하는 것이 힘든가?
- 감정을 느끼는 마음: 당신은 어떤 감정을 회피하고 있는가?
- 자기 돌봄의 산소마스크: 어떤 영역에서 자신을 돌보는 일에 실패하는가?
- 자기 직면의 거울: 당신은 어떤 진실을 감추고 있는가?
- 희망의 열쇠: 인생의 어떤 부분이 절대 변화되지 않을 것이라 고 생각하는가?
- 지혜의 모자: 인생의 어떤 영역에서 충동적이 되고 어려운 질 문들은 하지 않는가?
- 용기의 배지: 이 도구들 중 어느 것에 가장 많은 용기를 내야 하는가?

우리가 남 탓하기를 중단하고 타고난 개인의 자유를 활용할 때 우리의 무력감은 사라지게 될 것이다. 우리가 다른 사람의 선택들을 책임질 필요가 없음도 알게 된다. 책임은 그들의 몫이다. 다른 사람을 변화시킬 수는 없지만 자신은 하나님의 은혜로 변화될 수 있다.

이것은 우리가 다른 이들이 성숙할 수 있도록 그리고 그들 자신의 짐들을 책임질 수 있도록 허용함과 동시에 다른 이들을 어떻게 보살피고 섬길 것인가 하는 질문으로 이어진다(갈 6:2, 4 참조). 우리는 다음 장에서 이 질문에 대해서 다룰 것이다.

Chapter 7

과부하의 방식을
버리기

　만약 당신이 다른 사람들을 위해 그들이 할 수 있고 또 마땅히 해야 할 일을 대신해 주고 있다면, 자신의 분량을 넘어서고 있는 것이다. 과도하게 일하는 사람들은 자신은 물론이고 다른 사람들의 성장마저 막는다. 도로의 차들이 양방향으로 통행하는 것처럼 자신의 분량을 넘어 일하는 사람이 있는 곳엔 불가피하게 분량보다 모자라게 일하는 사람이 뒤따르기 마련이다. 과부하가 걸리게 되면 친구 관계,

결혼생활, 교회 활동, 직장 생활, 그리고 가족 관계 등이 위험에 처하게 된다. 내 자신이 수년 동안 그렇게 행동해 왔기에 그 사실을 너무나 잘 알고 있다.

캐롤 린 피어슨(Carol Lynn Pearson)는 '엄마의 빨간 드레스'라는 시에서 과도한 헌신이 불러온 좋지 못한 결과에 대해 잘 보여 주었다. 죽음을 목전에 두고 누워 있는 밀리 엄마의 옷장 안에는 한 번도 입어 보지 못한 깊이 베인 상처와 같은 빨간 드레스가 걸려 있다. 마지막 순간을 맞이하여, 엄마는 딸에게 자기 인생에 대한 때늦은 후회와 교훈을 담담히 말하고 있다.

> 음, 나는 늘 생각했다.
> 착한 여자는 자기 차례라고 우기지 않는다고,
> 좋은 여자는 단지 누군가를 위해서만 있다고.
> 언제 어디서나 항상 명심했지.
> 자신에 대해선 맨 나중에 생각해야 한다고.
>
> 그리고 아마도 언젠가 너도 그렇게 되겠지.
> 하지만 결코 너는 그래서는 안 된단다.
> 내 인생은 언제나 그런 식이었지. 네 아빠를 위해,
> 네 오빠와 동생, 그리고 널 위해.

"엄마는 엄마로서 정말 최선을 다하셨어요."

오, 밀리야, 밀리야. 그것은 좋지 않아.

너를 위해서도, 네 남편을 위해서도 말이야.

너도 보지 않니? 난 가장 나쁜 일을 했단다.

나를 위해서는 아무것도 요구하지 않았어!

의사가 너의 아빠한테 소식을 전했을 때,

네 아빠는 슬픈 표정으로 내 침대로 다가와

나를 잡아 흔들며 말했지.

"죽으면 안 돼. 내 말 들려? 나는 어떡하라고!"

힘들 거야, 그래, 내가 떠나고 나면

너도 알다시피 그 사람은 프라이팬도 찾지 못할 거야.

난 네 오빠들이 지금

새언니들을 어떻게 대하고 있는지 본단다.

그걸 보면 속이 뒤집히지

왜냐하면 내가 그렇게 가르쳤고,

그들도 그렇게 배웠으니까.

그 녀석들은 여자란 주기 위해 존재하는 사람이라고 배웠으니까.

내가 나 자신을 위해

뭔가 예쁜 것을 사려고 시내에

나갔던 때를 기억할 수가 없구나.

작년에 저 빨간 드레스를 샀을 때를 제외하고는 말이다.

밀리야, 난 언제나 생각했었다.

이 세상에서 나를 위해 아무것도 욕심내지 않으면

저 세상에서 그 모든 것이 나에게 돌아온다고.

하지만 더 이상 그 말을 믿지 않아.

주님은 우리가 지금 여기에서 뭔가를 가지길 바라신다 생각해.

이제 내 차례는 지나간 것 같구나.

어떻게 내 차례를 취해야 할지도 모르겠어.

나의 명예를 회복시켜 주렴, 밀리야.

나의 전철을 밟지 않음으로써 말이다.

내게 약속해 주렴.[1]

    밀리의 엄마는 삶의 막바지에 이르러서야 자신뿐 아니라 가족들을 제대로 섬기지 못했다는 사실을 깨닫게 되었다. 그녀는 자기 영혼을 희생시키면서까지 과도하게 섬겼다. 반면 그녀의 가족은 자신들의 책임을 다하지 못했다. 이 때문에 그들은 성숙을 향해 성장할 수 없었다. 가족들이 스스로 해야 하고 할 수 있는 일을 엄마가 대신해준 것이다. 삶의 끝에서, 그녀에게 남은 것은 그동안 자신이 끼친 피해에 대한 가슴 아픈 후회뿐이었다.

문제는 바로 '나'

밀리를 이해할 수 있는가? 난 이해가 된다. 꽤 긴 시간 동안 나는 늘 나 자신을 '맨 꼴찌'에 두었다. 나 역시 밀리 엄마와 마찬가지로 다른 사람들을 위해 사느라 내 생각은 제일 마지막이었다. 기본적인 부모의 역할인 딸들의 양육은 주로 나의 몫이었고, 모든 집안일도 혼자서 도맡았다. 집 안의 재정은 물론 가족들의 일정까지도 내가 관리했다. 나는 매년 명절이나 공휴일 계획을 세웠고, 가족들을 위해 특별한 행사들을 준비했다. 가족들의 생일에는 일일이 축하 파티를 열어 주었다. 식구들의 치과 치료 및 진료 약속까지 확인했다. 집 안 청소, 요리, 빨래, 그리고 장보기도 도맡아 했다. 매주 교회의 소그룹들을 접대했고 또한 매달 타 도시에서 오는 방문객들에게 숙식도 제공했다. 마치 내가 슈퍼우먼인 것처럼 혼자서 세 사람 몫을 감당하며 살았다.

피터 또한 교회에서 자신의 분량을 뛰어넘어 사역하고 있었던 까닭에 집안일을 돕기에는 시간이 턱 없이 부족했다. 그도 마치 자기가 슈퍼맨이나 되는 것처럼 교회에서 세 사람 분량의 일을 혼자 해내고 있었다. 그 결과 집안일 분담에서 큰 격차가 생겼고 그 빈틈은 내가 대신 채울 수밖에 없었다. 사실 내가 과도하게 가사 일을 맡은 덕분에 피터가 교회에서 그렇게 많은 일을 할 수가 있었던 것이었다. 결국에는 피터와 딸들이 직접 할 수 있는 일까지도 내가 대신하게 되었다.

나는 갈수록 지치고 피곤해졌으며, 슬슬 억울한 마음까지 들었다. 그런 내 마음은 마침내 빈정거림과 불평들로 조금씩 새어 나왔다. 그것은 마치 이 모두가 공정치 않다고 아우성치는 항의 같은 것이었다. 하지만 나의 항변은 우리 상황을 그다지 많이 바꿔 놓지 못했다. 고작 피터가 아이들을 방과 후 축구시합에 데려가 주는 정도였다. 하지만 남편은 시합장에서도 여전히 교회 일로 전화에 매달려 있었다.

나는 정서적으로 건강한 영성의 여정을 시작하고 나서야 우리의 문제점이, 피터가 아닌, 나에게 있었다는 것을 깨닫게 되었다. 남편을 멈추게 하려면 나부터 먼저 내 분량을 넘어 과도하게 일하는 것을 멈춰야 했다. 피터가 남편으로서, 아버지로서, 그리고 우리 가족의 일원으로서, 자신의 몫을 다하지 않았을 때 초래되는 불행한 결과로부터 더 이상은 그를 보호할 수 없었다. 만약 피터가 그것을 벗어나 한 단계 발전하지 않았다면 딸아이의 지역 축구 시합 참가도 없었을 것이다. 피터가 손님방을 치우지 않았더라면 더 이상 다른 도시에서 온 손님들에게 숙식을 제공하지 못했을 것이다.

나는 피터를 포함한 가족 전원이 자기 세탁물을 정리할 수 있다는 사실을 발견했다. 또한 자녀 양육에 관해 서로에게 기대하는 사항들을 재협상하길 원했다. 나 혼자서 부모 역할을 떠맡는 것을 원치 않았다. 아이들의 감정적, 학문적, 육체적, 그리고 영적인 필요들과 이로 인한 불안 및 짐들을 남편과 함께 공평하게 짊어지고 싶었다. 게다가 일주일 내내 요리를 하고 싶지도 않았다. 남편도 충분히 음식 만드는 법을 배울 수 있었고, 적어도 일주일에 두 번 정도는 책임질 수 있었다. 물론 이 모든 것이 순조롭게만 진행된 것은 아니다. 특히 이탈리아 계 출신인 시어머니는 그냥 지켜보며 응원해 주지만은 않았다.

나는 남편이 교회에서는 자기 역할보다 넘치게 일하고, 집에서는 분량에 미달되게 일하는 것이 못마땅했다. 그는 적어도 처음에는, 특별히 요리와 세탁에 관해서는 자신이 맡은 가사 일을 탐탁해 하지 않았다. 그렇지만 시간이 지나면서 조금씩 배워 가기 시작했다. 처음에는 피터가 준비하는 저녁 식사의 질이 현저하게 떨어졌다. 저녁 여섯 시에 뭔가를 먹을 수만 있다면 성공이었다. 나는 이에 대해 전혀 상관하지 않았고 어떤 경로를 통해 음식이 식탁 위에 오르는지 생각조차 하지 않았다.

이런 변화들에 대해 남편은 딸들보다는 오히려 화를 덜 내는 편이었다. 아이들의 불안감은 볼멘소리가 되어 터져 나왔다. "요리는 엄마들이 해야 하잖아요. 엄마는 못 됐어요!" 페이스가 소리를 질렀다. 에바도 불평을 터뜨렸다. "아빠가 내놓는 요리는 너무 끔찍해서 먹을 수가 없어요. 난 허기가 져서 쓰러질 것만 같아요." 남편의 요리 솜씨는 정말 형편없었다. 그는 아직 배워야 할 부분이 많았다. 그렇지만 삶의 균형을 성취하기로 결심한 이상 나는 단호함과 침착함을 유지했다.

초기에는 약간의 억울함도 있었겠지만 남편 역시 아이들을 양육하는 일을 조금씩 즐기기 시작했다. 피터가 집안일을 점점 많이 떠안기 시작할 무렵, 그는 교회에서 계속 세 사람 몫을 감당해 냈다. 그러나 지금은 교회의 많은 사역들을 내려놓았다. 그는 곧 자신이 얼마나 많은 일을 추진해 왔는지 깨닫게 되었다.

교회에서 일하던 방식에도 변화를 주기 시작했다. 그는 자신이 맡고 있는 집안일을 고려하여 새로운 사역을 시작했다. 교회 성장의 속도 또한 늦추었다. 예를 들면, 엄청난 에너지와 시간을 소모해야 하는 큰 행사나 전도 사업 등은 과감히 없앴다. 타고난 자신의 한계와 경계들도 더 잘 받아들이게 되었다. 일의 우선순위를 다시 정했고, 혹여 교인들을 실망시키더라도 교회 행사가 우리의 결혼과 가족에 지장을 주는 경우에는 '노'라고 말할 수 있게 되었다. 흥미롭게도 이러한 변화들을 통해서 교회는 더욱 성장했고 번창해 나갔다.

과부하 목록

다시 한 번 말하지만 자신의 분량을 넘어 일한다는 것은, 다른 사람들이 스스로 할 수 있고, 해야 하는 일들을 대신 해 주는 것이다. 그것은 단순히 나쁜 습관 이상을 의미한다. 자신의 분량보다 넘치는 일을 하는 것은 종종 그 뿌리가 원 가족에게까지 거슬러 올라간다. 그 가지들은 우리의 일터, 자녀 양육, 결혼생활, 교회 활동, 친구 관계에까지 뻗어 나와 우리를 찌르곤 한다.

자신의 분량을 넘어서 일하는 것은 '모 아니면 도' 식의 양자택일이 아니다. 그것은 아주 약한 상태에서부터 매우 심한 상태까지 연속선상에 존재한다. 아래에 나열된 간단한 평가표를 사용하여 자신의 상태가 어디쯤 해당되는지 살펴보도록 하자. 자신을 가장 잘 설명한다고 생각되는 문장에 표시를 해보자.

- ☐ 나는 대체로 일을 제대로 하는 방법을 알고 있다.
- ☐ 나는 다른 사람들의 마음이 무너지지 않도록 그들에게 조언을 하거나 문제들을 해결해 주려고 신속하게 움직인다.
- ☐ 나는 사람들이 그들이 처한 문제 때문에 어려움을 겪는 것을 보기 힘들다.
- ☐ 결국에는 나 혼자서 일하는 것이 더 쉽다.
- ☐ 나는 다른 사람들이 나만큼 일을 잘 할 거라는 신뢰가 없다.

☐ 아무리 해야 할 일이 많아도 내게 뭔가를 요청할 때는 잘 들어 주는 편이다.

☐ 나는 분란을 일으키고 싶지 않아서 다른 사람들의 결점들을 보안해 준다.

☐ 사람들은 항상 나를 모든 것이 잘 갖춰진 안정적인 사람이라고 여긴다.

☐ 남에게 짐이 되고 싶지 않기 때문에 부탁하는 것을 좋아하지 않는다.

☐ 내가 남들에게 필요한 존재인 것이 좋다.

만약 당신이 세 개 이상의 항목에 표시를 했다면 자신의 분량을 넘어서 일할 가능성이 있을 수 있다. 만일 체크한 항목이 4-7개라면 아마 어느 정도 분량을 넘어서 일하고 있을 것이다. 만약 8개 이상이라면 당신의 상태는 아주 심각하다.

과부하의 다섯 가지 치명적인 결과들

자신의 분량을 넘어서 일하는 것이 우리 자신과 다른 이들에게 끼치는 피해를 무시하는 편이 오히려 쉬워 보일 수도 있다. 하지만 그것은 무시할 만큼 작은 문제가 아니다. 이런 행동에는 적어도 다섯 가지의 치명적인 결과가 뒤따른다. 곧 억울한 마음을 낳고, 미성숙함에서 벗어나지 못하며, 우리의 소명에 집중하지 못하고, 영적인 삶을 약화시키며, 마지막으로 우리의 공동체를 파괴한다.[2]

과부하는 억울한 마음을 야기한다

당신은 누가복음 10장에 나오는 마리아와 마르다의 이야기를 잘 기억하고 있을 것이다. 마르다는 전형적으로 자신의 분량을 넘어서 일하는 사람이었다. 그녀는 귀한 손님들(예수님과 열두 제자들)을 위해 만찬 준비로 온 정신을 빼앗겼다. 그녀가 해야 할 일의 목록에는 우선 음식에 쓸 재료들을 수확하거나 사는 일, 큰 식탁을 차리는 일, 음식을 준비하는 일, 식탁용 깔개와 테이블, 음식을 담을 접시들을 이웃으로부터 빌려오는 일, 집 안을 깨끗이 청소하는 일, 만찬에 맞는 배경 음악을 연주할 악사들을 부르는 일, 식사를 제공하는 일, 식사 후 설거지와 뒷정리, 그리고 가장 중요한 만찬 중 이 모든 것이 완벽하게 진행되도록 확실히 하는 일들이 포함된다.

그런데 이 모든 준비가 예상대로 잘 진행되고 있었음에도 불구하고 마르다는 화가 났고 분개했다. 특히 예수님 옆에 앉아서 그분과의 대화를 즐기고 있는 동생 마리아에게 그러했다. 마르다는 너무 화가 나서 정작 예수님과의 교제를 즐길 수가 없었다.

마르다는 다른 사람들의 필요를 보살핀다는 명분 뒤에 숨어 자신의 분량을 넘어서 일하고 있는 본 모습을 은폐시켰다. 마르다는 넘치는 성취욕 때문에 자신의 참 모습을 보지 못했을 뿐 아니라 이 모든 노고의 목적인 예수님과 손님들을 진심으로 환영하고 접대하지 못했다. 마르다는 사람에 대한 배려를 사람을 보살펴 주어야 하는 것으로 착각한 것이다.

나는 내가 인정하는 것 이상으로 마르다와 많은 부분 닮아 있었다. 삶의 대부분을 하나님이 내게 요구하신 것 이상으로 사람들을 보살피고 책임져야 한다고 오해하고 있었다. 내가 이해했던 보살핌 안에는 사람들의 아이를 돌봐 주는 것과 차를 태워 주는 일, 재정적으로 지원하는 일, 부탁도 안 했는데 십대 자녀에게 조언하는 일, 남편 스스로 할 수 있는데도 그의 셔츠를 다려 주는 일, 그리고 혹여 일어날지 모를 위기상황에 대비해 도울 준비를 하는 것까지 많은 일들이 포함되고 있었다.

한번은 남편의 요청으로 다른 도시에서 온 유명한 기독교 지도자들을 집으로 초대한 적이 있었다. 평상시와 같이 나는 완벽한 집을 보여 주기 위해 아주 열심히 움직이기 시작했고 정성을 다해 점심 식사를 준비했다. 온 기력이 소진될 정도였다. 이틀 전부터 클램 차우더 스프와 치즈랑 곁들어 먹을 빵, 그리고 둘이 먹다가 하나가 죽어도 모를 만큼 맛있는 초콜릿 케이크까지 손수 준비하기 시작했다. 갓난아이를 등에 업은 채, 이제 막 걸음마를 시작한 어린 딸이 다리에 매달려 칭얼거리는 소리를 노래 삼아, 이 모든 준비를 혼자서 해냈다.

안타깝게도, 난 이런 노력 자체가 손님들을 잘 대접하는 것이라고 믿었다. 그러나 마르다와 마찬가지로 피곤에 지쳐서 주변 사람들에게 짜증을 내거나 스트레스를 주었다. "이제는 이런 일들이 진저리가 나요." 나는 불평을 터뜨렸다. "왜 아무도 나를 도와주지 않는 거죠!"

손님 가운데 한사람은 별로 시장하지 않다며 자신의 접시를 태연하게 옆으로 밀어 버렸다. 그때 내가 느꼈던 엄청난 충격은 정신을 차릴 수 없을 지경이었다. "어떻게 나의 노고에 감사하지 않을 수 있어?" 나는 남편을 따로 불러 항의했다.

나는 한참 지난 후에야 그렇게 애쓰지 않고도 얼마든지 사람들을 대접할 수 있다는 것을 알게 되었다. 다른 방문객이 하룻밤 묵고 갔던 날, 과도한 접대의 중압감에서 한 고비를 넘겼음을 알게 되었다. 그날은 집 안에 널려 있던 것을 대강 정리했을 뿐 깨끗하게 집을 치우지 않았다. 그리고 후다닥 준비한 간단한 후식을 대접했다. 아이들도 그다지 통제하지 않았다.

저녁 식사 후에는 거실에 앉아 커피를 마시며 이야기를 나눴다. 손님을 접대하느라 분주히 움직이는 대신, 남편의 동료 목사가 자신의 심경을 토로하는 이야기를 주의 깊게 경청했다. 그날 우리는 그리스도가 함께하심을 느꼈던 것 같다. 딸이 무언가를 요청하면 남편이 벌떡 일어나 가져다주도록 내버려뒀다. 싱크대에 설거지 거리들이 쌓여 있어도 그대로 두었다. 피트와 그리고 손님과 함께 진정한 내 자신으로 존재할 수 있었다. 마르다를 향한 예수님의 아름다운 초대

192

를 난 다시 생각하게 된다. "네가 많은 일로 염려하고 근심하나 몇 가지만 하든지 혹은 한 가지만이라도 족하니라"(눅 10:41-42). 그리고 이 초대는 또한 나를 위한 것임을 깨닫기 시작했다.

과부하는 우리를 미성숙에 머물게 한다

모세는 자신의 희생이 백성들을 돕는 것인 줄 알았다. 그는 자신의 분량을 초과해서 일하는 지도자였다. 그래서 하루 온종일 자신 앞에 길게 줄 지어 서서 분쟁을 해결해 달라는 백성들의 불만과 사정을 쉼없이 들어 줘야 했다. 백성들을 중재하느라 지친 나머지 좀 더 나은 방법을 모색해 볼 틈조차 가질 수 없었다. 이 문제를 밝히 보고 지적해 준 사람은 그의 장인이자 이스라엘의 외부인사였던 이드로였다. "모세의 장인이 그에게 이르되 네가 하는 것이 옳지 못하도다 너와 또 너와 함께한 이 백성이 필경 기력이 쇠하리니 이 일이 네게 너무 중함이라 네가 혼자 할 수 없으리라"(출 18:17-18).

모세가 이드로의 조언을 받아들여 백성 가운데서 재판관들을 임명하고 그들로 백성의 분쟁들을 해결하도록 조치하자 그의 삶에는 극적인 변화가 일어났다. 사람들을 세우고 그들에게 상응하는 책임을 맡기기 전에는 모세 자신이 백성들의 건강한 성장과 성숙을 방해하는 가장 큰 장애물이 되었던 것이다.

하지만 오래된 습관은 고치기가 어렵다. 민수기 11장에서도 볼 수 있듯이, 이스라엘 백성들이 식량 공급에 대해 모세를 탓했을 때,

그는 다시 한 번 곤경에 빠지게 된다. 백성들은 하나님의 약속을 신뢰하는 데 따르는 어려움을 겪고 싶어 하지 않았다. 그 대신 모세에게 자신들을 이 고통에서 구해 주기를 요구했다. 이에 모세는 재빠르게 슈퍼 히어로의 역할을 받아들여 자신이 모든 책임을 지려고 했다. 안타깝게도 이런 행동은 자신을 망가뜨렸을 뿐 아니라 백성들을 지속적인 미숙함에 머물도록 했다.

오래 전 모세가 스스로에게 던져야 했던 질문은 오늘날 우리가 자신에게 물어야 할 질문이기도 하다. 다음과 같은 상황에서 우리가 하게 되는 처신이 정말로 상대방을 잘 사랑하는 방법인지 곰곰이 생각해 보자.

- 아이의 반감과 나쁜 태도를 대하는 것이 엄두가 나지 않아서 자녀들에게 그 나이에 맞을 법한 집안일을 아예 시키지 않는다.
- 우리가 사랑하는 사람이 성장과 성취를 위한 건강한 위험을 무릅쓰려 할 때 혹여 그가 자신감을 잃거나 자존감에 상처를 입을까 봐 '하지 말라'고 조언한다.
- 소그룹과 사역을 위해 필요한 모든 과제를 혼자서 완수한다. 미팅 장소로 쓸 장소를 제공하거나, 미팅에 필요한 과제물을 준비하거나, 그룹 모임을 이끌거나, 다과를 제공하거나, 미팅 후 뒷정리를 도맡거나, 새 신자를 모집하고 혼자서 챙기거나,

기도, 그룹 구성원의 특별한 요구를 충족시키거나, 소그룹 나들이를 계획하거나, 제자 훈련을 한다. 그리고 다른 이들이 책임을 분담하도록 격려하지 않는다.

- 책임의 부담감을 오직 몇몇만 짊어지게 해서 교인들이 교회 일에 구경꾼이 되게 한다.

과부하의 유혹은 우리의 귀에다 대고 이렇게 속삭인다. '당신만이 이 모든 것들을 단결시킬 수 있어.' '당신이 멈추면 이 모든 게 다 허물어져 버릴 거야.' 사실 진실은 그 반대다. 우리가 누군가를 위해 헌신할수록 그들은 변화하고 싶은 의욕을 더 잃어버리게 된다. 자신의 분량을 초월하여 일하는 방식을 버리지 않는다면 그들 안에, 당신 안에, 그리고 궁극적으로 더 많은 사람들 안에 하나님의 역사가 피어나지 못할 것이다. 하지만 만약 우리의 방식을 버린다면 주변의 사람들 또한 자신들의 성숙함을 향해 나갈 수 있을 것이다.

자신의 분량보다 적게 일하는 사람이 자신의 몫을 감당할 수 있게 하려면, 우선 자신의 분량을 넘어서 일하는 사람이 곁에 없어야 한다. 부족한 사람을 구해 주고, 그의 문제를 해결해 주고, 혹은 조언해 주는 것을 멈추어야 하는 것이다. 어떤 영역이 되었든지 성장을 하려면 도전이 필요하다. 재정의 영역이든, 영적인 부분이든, 감정적 또는 관계에서의 문제이든 마찬가지다. 책임을 덜 지는 사람들은 적어도 잠시 동안은 그들이 받아온 혜택이 크기 때문에, 선뜻 용기를 내어 첫 걸음을 떼기가 쉽지 않을 것이다. 자신들이 져야 할 책임과 삶의 무게를 누군가 대신 짊어져 주고 있기 때문이다. 그 일을 멈추고 거절하는 것이 처음에는 가혹하게 느껴질지 모르지만 사실은 이것이야말로 그들을 위한 사랑의 행위이다.

과부하는 소명에 집중하지 못하게 한다

예수님께서는 죽음을 앞두고 하나님께 이렇게 고백하셨다. "아버지께서 내게 하라고 주신 일을 내가 이루어 아버지를 이 세상에서 영화롭게 하였사오니"(요 17:4).

만약 우리가 자기 분량을 넘어서 일하는 사람이라면 삶의 마지막에 과연 예수님처럼 말할 수 있을지 의문스럽다. 하나님은 그리스도의 이 땅에서의 짧은 삶에 계획을 가지고 계셨고 여러분과 나의 삶에도 계획을 가지고 계신다. 하지만 우리가 다른 것에 정신이 팔려 있다면 하나님이 우리를 부르신 고유의 소명을 쉽게 놓쳐 버릴 것이다.

자기 분량을 초과하여 과도하게 다른 사람들을 섬기게 되면, 정작 자기 일은 소홀하게 여기기도 한다. 그렇게 되면 자신의 가치나 믿음, 목적들을 간과하게 되는데 그것이 바로 모세에게 일어난 일이기도 했다. 모세는 이스라엘 백성들의 문제에 온 정신을 집중하느라 정작 자기 인생의 목표를 놓쳐 버렸다.

만약 모세가 이드로의 조언을 받아들이지 않고 자신의 분량을 넘어 계속 일했더라면 과연 어떤 일이 모세와 이스라엘 백성들에게 일어났을까? 끔찍하다. 때로 우리도 모세처럼 우리가 처한 상황이나 사람과 너무 익숙해지다 보면 우리의 수고가 정말 도움이 되는지 아니면 오히려 상처를 주는지 구분하기가 힘들 수 있다. 만약 그가 자신을 이스라엘 백성들의 모든 분쟁을 해결하는 데 없어서는 안 될 존재라고 믿었다면 과연 백성들을 약속의 땅으로 인도하라고 하신 자신의 소명을 실현할 수 있었을까?

네 자녀의 엄마와 매우 활동적인 사역자의 아내로서 나는 자신의 분량을 넘어서려는 유혹을 떨쳐 버리기가 쉽지 않았다. 가끔은 내 삶의 목표에 집중하며 그에 필요한 시간이나 공간, 에너지를 비축하기보다 다른 사람의 필요를 채워 주는 일이 더 쉽게 느껴졌다. 우리는 스스로에게 시시때때로 물어야 한다. "나는 하나님이 주신 내 삶에 충실한가? 내게 주어진 아내와 엄마의 역할, 더불어 나만의 독특한 열정, 재능, 한계를 어떻게 아우르고 있는가? 사역과 가정의 요구들이 내게 주어진 고유한 소명을 삼켜 버리지 못하도록 노력하고 있는가?"

피터와 나는 오랜 세월 함께 일해 왔다. 대개는 그와 함께 일하는 것이 즐겁지만 그가 추진하는 계획이 나의 개인적인 목표에 맞지 않을 때는 '노'라고 말한다. 초창기에는 남편이 하는 모든 일에 동의했지만 얼마 가지 않아 곧 피곤해졌고 억울한 마음이 들기 시작했다. 그가 하나님의 소명이라고 믿고 추진하는 모든 일이 나에게 다 맞았던 것은 아니기 때문이다.

잠시 시간을 내어 자신의 인생을 돌아보자. 당신은 남들에게 초점을 맞추느라 너무 바빠서 당신 자신의 필요와 목표에 집중하는 법을 잊은 것은 아닌가? 자녀들과 배우자, 친구들, 친척들, 혹은 직장 동료들을 위해 수고하고 있는 와중에도 규칙적으로 시간을 내어 아래와 같은 질문들을 스스로에게 던지고 있는가?

- 나는 이 상황에서 내가 되고 싶었던 모습으로 존재하고 있는가?
- 다른 사람들이 스스로 할 수 있고, 해야만 하는 일들을 내가 대신해 주고 있지는 않은가?
- 나는 나의 가치에 따라 살고 있는가?
- 이 일은 하나님이 나에게만 주신 특별한 소명인가?
- 지금 얻으려는 것이 내가 정말 원하는 것인가?
- 내가 원하지 않는데 얻게 되는 결과들은 무엇인가?
- 내가 하고 싶었지만 못하고 있는 일은 무엇인가?
- 사실은 주고 싶지 않은데 주고 있는 것은 무엇인가?
- 과도한 일을 멈추었을 때 남게 되는 시간으로 무엇을 할 것인가?

이 질문들은 우리에게 어렵고 힘든 도전을 던지고 있다. 각각의 사람들은 결혼 여부나 가족들, 그리고 직업에 대한 책무 등 여러 제약 안에서 살아가고 있다. 따라서 어떤 결정을 내릴 때는 계획성을 가지고 깊이 생각할 필요가 있다. 상대방과의 대화나 협의가 필요할 때도 있다. 예를 들어 잠자리에 들기 전 반드시 책을 읽어야지 하고 마음먹었을 때는 시간을 확보하고 공간을 마련하면 그만이다. 하지만 3박 4일 동안의 수련회나 친구와의 주말여행을 계획하는 일 등은 그것이 남편, 아이들, 그리고 재정에 영향을 끼치기 때문에 반드시 배우자와 상의해야 한다.

그럼에도 불구하고도 자기 삶에 집중하기 위해 얼마든지 건강한 방법을 통해 바꾸거나 버리거나 더할 수 있다. 그 열쇠는 자기 인생의 방향에 초점을 맞추며, 소중한 사람들과 솔직하고 분명하게, 열린 마음으로 대화하는 것이다.

과부하는 영적인 삶을 약화시킨다

마르다가 과도하게 모든 상황을 통제하려 했을 때 그녀는 거의 명령조로 예수님께 말한다. "그(마리아)를 명하사 나를 도와주라 하소서!"(눅 10:40). 자기 분량을 초과하여 일한 결말은 마르다로 그리스도의 사랑을 경험하지 못할 뿐 아니라 분노하게 만들었다. 마르다는 동생이 무엇을 할지 예수님보다 더 잘 알고 있다고 믿었다.

그리스도만이 우리의 구원자가 되신다. 우리는 그분의 사랑을 신뢰하고 그 사랑에 굴복하도록 부름 받았다. 만약 우리가 선을 넘어

이 세상을 감당하고 책임지려 한다면, 우리 조상 아담과 하와가 내디 뎠던 바로 그 위험한 영역 안으로 들어서는 것이다.

나는 하나님과 교제할 시간이 없다고 여길 때 내 분량을 넘어서 일하고 있음을 직감한다. 이런 이유로 안식의 엄수와 침묵, 홀로 있음 같은 관상의 실천들을 통해 이 유혹에 빠지지 않으려 노력한다. 하나님은 엿새 동안 일하시고 하루를 온전히 안식하셨다. 앞으로 달리려는 나의 성향 때문에 안식일은 나에겐 필수적인 것이 되었다. 안식일을 지키는 것은 시간을 확보하는 나만의 방식이다. 그것은 오직 하나님만이 하실 수 있는 일을, 내 안에서 그리고 세상에서, 그분이 하시도록 하는 것이다.

어느 금요일 오후, 그날 저녁 6시부터 시작되는 안식일을 준비하고 있을 때 느꼈던 감정을 기억한다. 나는 이메일을 모두 확인하고 답한 뒤 컴퓨터를 껐다. 빨래들은 접어서 잘 개어 놓았고, 부탁 받은 심부름도 끝냈다. 해야 할 통화도 다 마쳤다. 주일을 맞기 위해 필요한 모든 교회 일은 다 마친 상태였다. 집 안의 모든 것도 깔끔하게 잘 정리되어 있었다. 나는 금요일 저녁에 공식적으로 시작되는 나의 안식일을 알리기 위해 상징적으로 불을 끄면서 기도했다. "자, 하나님, 제 일은 끝났어요. 이제부터는 주님이 책임지세요."

내 안에서 뭔가가 움직이는 것을 느꼈다. 앞으로 스물 네 시간 동안 아무것도 하지 않아도 된다고 생각하니 저절로 안도의 한숨이 새어 나왔다. 나는 정말 하나님이 이 세상 만물을 주관하시도록 놔둘 생각이었다. 나는 자유로웠다.

당신은 어떤가? 일주일에 하루 정도는 하나님이 당신 없이도 세상을 잘 운영하실 것을 믿고, 안식을 취하라는 초대를 받아들일 수 있는가? 아니면 마르다처럼 그리스도와의 관계가 손상될 때까지 계속 달릴 것인가? 당신이 진실로 하나님을 믿고 있음을 입증할 분명한 표시 가운데 하나는 그분의 주권과 구원의 능력 안에서 안식을 취하는 것이다.

하나님은 우리가 자신의 분량을 넘어서 일하거나 또는 자신의 분량에 미달되게 일하는 것을 원하지 않으신다. 하나님은 자기 삶에 마땅한 책임을 지도록, 그리고 남들을 위해 정도를 넘어선 책임을 지지 않도록 우리를 부르신다.

과부하는 공동체를 파괴한다

모세와 마르다의 이야기는 과도하게 기능하는 것이 어떻게 공동체에 부정적인 영향을 끼치는지를 선명하게 보여 주고 있다. 민수기 11장에서 고기를 달라는 백성들의 아우성에 이스라엘 공동체의 분위기가 험악하게 흐르자 모세는 절망감에 빠져 이렇게 간구했다. "주께서 내게 이같이 행하실진대 … 즉시 나를 죽여 내가 고난당함을 내가 보지 않게 하옵소서"(민 11:15).

마르다의 상황 역시 썩 좋지 않았다. 자신을 예수님과 함께 멋진 만찬을 즐기기 위해 초대된 손님이라고 상상해 보라. 화가 난 마르다가 쿵쿵거리며 돌아다닌다. 씩씩대는 숨결 사이로 투정도 새어 나온다. 여동생을 째려보는 시선도 느껴진다. 이런 상황에서 과연 만찬을 즐길 수 있었을까?

가족 관계에 있어서도 배우자나 십대 자녀는 빈둥대고 한 사람만 과도하게 일한다면 공동체를 향한 하나님의 원래 의도와는 맞지 않는다. 우리 모두가 하나님의 계획에 따라 적절하게 기능할 때 거기에 진리가 있고 "사랑, 희락, 화평, 오래 참음, 자비, 양선, 충성, 온유와 절제"(갈 5:22-23)와 같은 성령의 열매가 뚜렷하게 나타나게 된다. 반면 자신의 분량을 넘어서 일하는 것과 자신의 분량에 모자라게 일하는 것이 공존하는 관계 안에서는 불화와 갈등, 비난, 무력감, 분노와 절망 등이 두드러진다.

저자 에드 프리드맨(Ed Freidman)은 정도를 넘어서 일하는 관계 안에 나타나는 부정적인 영향을 다음과 같이 평하고 있다. "한 사람이 다른 사람의 공간에서 과기능을 한다면, 그것은 다른 존재의 붕괴를 초래할 수 있다."[3]

나는 프리드맨이 사용한 '붕괴'라는 단어가 맘에 든다. 과기능의 폐해가 개인의 타고난 자아의식의 성숙과 성장을 억제하는 것이므로 이 단어를 쓴 것이 적절했다고 생각한다. 자신의 분량을 넘어서 일하는 사람들은 자신들이 모두를 위한 최선이 무엇인지 누구보다도 잘 알고 있다고 실제로 믿고 있다. 그래서 다른 사람들의 성장이나 발전을 제한하고 침범하는 것이다.

이런 일은 부모가 자녀들을 보호하려고 14세나 된 자녀의 모든 결정을 대신하려고 할 경우에도 발생한다. 성인이 된 자녀가 집에 기거하면서 정서적으로나 경제적으로 아무런 기여를 하지 않을 경우에도 성장에 있어서 치명적인 방해를 받는다. 직원들이 스스로 문제를 해결하고 어려움을 헤쳐 나가도록 놔두지 못하는 사람은 바람직한 고용주가 아니다. 직원들이 풀어야 할 문제에 고용주가 성급하게 달려든다면 직원들은 사기를 잃고 주도적으로 그리고 창의력 있게 일하지 못할 것이다. 자신의 한계와 약점은 깨닫지 못한 채 항상 다른 이들의 빈자리를 채워 주는 교회의 지도자들과 리더들은 사실 사람들을 점점 더 무기력하게 만들 뿐이다.

건강한 공동체는 각 구성원들이 그들의 연령과 성숙도, 재능과 능력에 알맞은 책임을 질 때 유지된다. 따라서 자신의 분량을 넘어서 일하는 이들은 먼저 자기 자신을 대면해야 한다. 그리고 적게 일하는 이들에게도 변화의 기회를 주고 그들이 영적이고 정서적인 성숙을 향한 여정에 들어서도록 그 길을 열어 주어야 한다.

만약 당신이 과도하게 일하는 사람이라면 자신의 분량보다 모자라게 일하는 사람이 더 많은 책임을 지게 할 수는 없겠지만, 적어도 자신의 책임을 덜 수는 있다. 그렇게 되면 최소한 부적절한 구조와 구제에 따르는 불만이나 탈진, 분노, 거리 두기 등의 부작용이 현저히 줄어들 것이다.

과기능에서 벗어나다

자신의 분량을 넘어서 일하는 것을 멈추는 것은 말처럼 쉽지가 않다. 그 패턴들은 오랜 시간 동안 우리 안에 고정되어 버렸다. 우리는 가족들을 통해 그것을 자연스럽게 배우게 된다. 이런 연유로 그것에서 벗어나 자유로워지려면 내부와 외부에서 엄청난 저항을 느끼게 된다.

우리는 단지 도움을 주려 했을 뿐이라고 스스로를 변명할 수도 있다. 이처럼 우리는 자신에게 있는 문제를 직시하지 않으려는 경향이 있다. 변화하는 것은 엄청나게 힘들고 또한 불안한 일이다. 과기능에서 벗어나 평정을 유지하기 위해서는 다음의 네 가지를 실천하며 끝까지 버티는 힘이 필요하다. 자신의 과기능을 인정하라. 분란을 일으키라. 혼란에 대비하라. 마지막으로 흔들리지 마라. 이 네 가지는 우리로 하나님과 다른 사람들, 그리고 자기 자신과 더 깊고 성숙한 관계에 도달하도록 해줄 것이다.

과기능을 인정하라

자신의 분량을 넘어서 일하는 것은 다양한 모양과 형태로 나타난다. 그 양상은 배우자의 셔츠 단추를 대신 끼워 주는 것부터 시작해서 성인이 된 자녀들에게 반복적으로 재정적인 도움을 주는 것까지 광범위하다. 그리고 그것을 분별할 수 있는 자신만의 독특한 경고 표시들이 필요할 것이다. 나의 경우 한 가지 팁이 있다면, 내가 나서서 필요한 것을 채우지 않으면 모든 것이 엉망이 될 거라고 믿기 시작하는 것이다.

아이들이 어렸을 때는 전업 주부로 있었지만 애들이 학교에 다닌 후부터는 집에서 파트타임 일을 했다. 그러다 어떤 해에는 구역 내 YMCA 레크리에이션 센터에서 일을 해볼까 하고 생각해 봤다. 내가 너무 좋아하는 일이었지만 일주일에 세 번씩, 오후 3시부터 6시까지였다.

순간 몇몇 장애물들이 머리에 떠올랐다. '내가 어떻게 남편 일에 지장을 줄 수 있겠어? 그는 이미 교회 일로 상당한 중압감을 받고 있는데. 남편이 3-4시쯤 아이들을 하교시키고, 다시 차로 과외 활동에 데려다 준 후, 저녁식사까지 준비하려면 아마도 스케줄을 재조정해야 할 거야.'

나는 피터가 그렇게 해줄 거라 믿지만 일주일에 세 번씩이나 그럴 거라는 확신은 솔직히 서지 않았다. 아이들은 예정된 오후 활동들이 어그러지면 분명 투정을 부리며 싸우려 들 것이다. 별의별 생각들이 내 머리를 스쳐 지나갔다.

"어느 누구도 나만큼 아이들을 잘 돌볼 수는 없어!"
"내가 피터의 삶을 망쳐 버릴 것 같아. 이 일 때문에 머리가 핑 돌지도 몰라."

"아이들이 너무 고생할 거야. 모든 게 엉망이 되겠지? 피터는 일 때문에 자주 늦을 거고 아이들도 상당히 불안할 거야."

"내가 이 일을 하게 되면 우리 생활은 엉망진창이 될 거야."

생각에 여기까지 미치자 마치 번개에 맞은 듯 정신을 번쩍 들면서 내가 과기능 모드로 미끄러지고 있다는 현실감이 느껴졌다. 사실 나는 일을 하게 될 경우에 초래될 결과들과는 상관없이 그 일을 시작해야 할 필요가 있다는 것을 알고 있었다. 남편과 아이들은 새 환경에 적응해야 했고, 나의 경우 내 분량에 못 미치는 상태에서 벗어나 가족의 소득에 기여함과 동시에 내가 즐기는 일을 할 수 있는 기회였다.

만약 당신이 스스로에게 다음과 같이 말하고 있다면 과기능의 선을 넘고 있을 가능성이 크다. "내가 움직이지 않으면 우리 가족은 성탄절을 보낼 수 없을 거야." "이 일을 제대로 할 수 있는 사람은 나밖에 없어." "나 혼자서 일하는 편이 더 나아." "그들에게 더 많은 일을 요구할 때 그들이 어떻게 반응할지 두려워." 그리고 그 사실을 인식하는 것은 다음 단계인, '분란을 일으키라'로 이어진다.

분란을 일으키라

관계 시스템의 변화는 마치 지진이 일어나는 것과 같다. 그것은 모든 것을 지탱하는, 또한 모든 사람이 발을 딛고 있는 지각 구조의 변동 같은 것이다. 이 변화는 잘못된 점을 개선하고 진실을 발견하며 개인의 온전함을 실행하며 살아가는 것과 유사하다. 자신의 과기능을 인정했다면 이제는 그러한 현재 상태를 중단할 준비가 된 것이다. 그 결과로 지금의 관계를 지탱하고 있는 규정들은 바뀌기 시작한다. 더 이상은 평소대로 움직이지 않아도 된다. 이제는 다른 누군가에게 무엇을 하라고 말하는 것이 아니라 당신이 무엇을 할 것인지 아닌지를 그들에게 말한다.

관계에 있어서 힘의 균형을 바꾸는 일보다 불안감이 먼저 일어날 수도 있다. 자기 분량에 미달되게 일하던 이들은 불안이 가중되면 종종 그것을 견디지 못하고, 원래의 건강하지 못하던 관계로 돌아가려고 움직인다. 하지만 이 순간이야말로 그리스도 안에서 정서적이고 영적으로 성숙하기 위해 성장의 문턱을 넘어설 수 있는 기회다.

갈등의 강도는 관련된 사람들의 성숙도, 관계가 흘러온 역사, 그리고 기꺼이 도움을 받으려는 의지에 비례해 그 크기가 달라질 것이다. 자신의 과기능을 멈추려 한다면 아무리 작은 시도일지라도 엄청난 변화로 느껴질 수 있다.

나는 그날 남편에게 YMCA 취업에 관한 나의 생각들을 정리하여 조목조목 말했다. 분명 반대할 것이라 생각했고, 난 그것을 들을 준비가 되어 있었다. 그럴 경우에 대비해 다른 보육 시설을 찾아야겠다는 차선책도 생각해 두었다. 하지만 피터는(비록 마지못해서였기는 했지만) 새 취업이 가져올 우리 생활의 변화들에 동의해 주었다.

그날 저녁 아이들에게 앞으로의 변화들에 대해 설명해 주었다. 아이들의 불평은 상상했던 것보다 훨씬 심했다. "아빠는 우리를 데리러 오는 일을 잊어버릴 거야. 그리고 절대로 제시간에 축구 연습장에 도착하지 못할 거야." 아이들이 아빠의 부주의에 대해 긴장하는 것은 어쩜 당연한 것일 수도 있었다.

"아빠는 항상 전화 통화만 하잖아요." 불평은 이어졌다. "아빠는 엄마처럼 우리를 돌볼 줄 몰라요."

그 당시에는 이 일이 잘 풀릴지 자신이 없었지만 나는 이런 의심들을 떨쳐 버리고 내 계획을 밀고 나갔다.

혼란에 대비하라

우리가 이전의 행동과 생활방식을 바꾸거나 버릴 때마다 가까운 사람들은 항상 다음과 같은 반응들을 보인다. "이전으로 돌아와" 또는 "어떻게 그럴 수 있어?"라는 식이다. 여기서 일어나는 '혼란'은 관계성의 시스템이 우리가 예상할 수 없는 방식으로 작동하고 있음을 뜻한다. 자신의 과기능을 극복하고 그리스도 안에서 진정한 자아를 찾는 사람들은 항상 그들 주변의 사람들을 - 적어도 한두 사람 이상의 - 화나게 하는 법이다. 나는 그렇지 않은 사람을 아직까지 본 적이 없다.

YMCA에서 일하기 시작했을 때 우리 가족 안에 무슨 일이 벌어질지 전혀 예측할 수가 없었다. 그래서 아직 일어나지도 않는 일에 대비했다. 나는 불편함을 감수하면서까지 왜 이 일을 하려는지 그 의미를 마음에 새기는 것이 중요하다는 것을 알았다. 나의 이 결정은 십 년 넘게 이어진 결혼생활 동안 굳어져 버린 패턴에 변화를 가져왔다. 이것이 잘한 결정임을 알았지만 그래도 죄책감으로 고심했다.

일을 시작한 처음 몇 주 동안은 오후 세시만 되면 걱정이 밀려들었다. "피터가 잊지 않고 애들을 데리러 갔겠지?" 어떤 때는 아이가 혼자 운동장에 남아 있는 상상을 하다가 곧, "도대체 내가 무슨 생각을 하는 거지?"라며 고개를 흔들기도 했다. 내 머릿속은 수백 가지 시나리오들로 혼란스러웠다.

나는 다시 마음을 가라앉히고 학교가 여섯 살과 아홉 살짜리 아이들을 뉴욕 거리에 내버려 두지는 않았을 거라며 스스로를 안심시켰다. 그랬으면 학교에서 연락이 갔을 거고 분명 남편이 아이들을 데리러 갔을 거라며 불안한 마음을 잠재웠다. 사실 피터가 한두 번 정도 아이들을 데리러 가는 것을 잊은 적도 있었다. 아이들은 교장실에서 아빠가 올 때까지 기다려야 했고 피터는 아이들의 화난 얼굴을 상대해야 했다.

한번은 일 때문에 스케줄이 겹치는 경우도 있었다. 피터는 내가 대신해 줄 것을 부탁했지만 나는 그 청을 거절했다. 우리의 계약은 만일 스케줄이 겹칠 경우 그가 다른 사람을 찾아야 한다는 것이었다. 그가 스스로 문제를 해결하도록 지켜보는 일은 매우 힘든 일이었다.

저녁 식사 담당을 잊어버리는 일 또한 다반사였다. 처음 몇달 동안 나는 배가 고파서 화가 나 있는 아이들의 투정을 들어야 했다. "아빠가 저녁 식사 준비하는 날이 싫어요." 아이들이 외쳤다. "엄마, 이제 일 그만 두세요." 하지만 나는 그만두지 않았다. 적어도 결국에는 이 결정이 우리 가족 모두를 위한 최선이었다는 것을 아이들에게 확신시켜 주었다.

나는 이 과정을 끝까지 지켜냈고, 결국 우리 가족은 멋지게 적응할 수 있었다.

흔들리지 마라

우리 안에 뿌리 깊이 자리 잡은 관계의 패턴들은 아주 강하다. 자신의 분량을 넘어서 일하는 것을 멈추기로 선택했을 때 당신은 상당한 저항과 맞닥뜨리게 될 것이다. 이 단계의 목표는 당신의 결정에 대해 흔들리지 않는 단호한 태도를 보여 주는 것이다. 다른 이들은 당신의 새로운 역할을 보는 것이 아직 익숙하지가 않다. 그 어색함은 당신 주위의 사람들에게까지 확대된다. 당신에 대한 사람들의 인식이 바뀌고 태도가 변화되는 데는 시간이 필요하다. 이 사실을 인정하고 기다리라.

예를 들어 내가 일을 시작하기 전에는 내 자신이 없어서는 안 될 존재라고 믿고 있었다. 시간이 지남에 따라 나는 그것이 사실이 아님을 분명히 알게 되었다. 아이들도 이제 더 이상 나를 늘 필요로 하지 않는다. "우리랑 상관없이 엄마만의 인생이 있다는 사실이 신기

해요." 한 아이가 무심코 말했다. "아빠가 집안일을 이렇게 잘하실 줄 누가 짐작이나 했겠어요."

우리 가족은 느리긴 했지만 새로운 생활 리듬에 안착했다. 남편은 딸들과 함께 보내는 오후의 새로운 경험들을 즐거워했고 자신만의 독특한 자녀양육을 보여 주었다. 그리고 이것은 그가 공동 양육을 시작하게 된 시발점이 되었다. 놀랍게도 남편은 같이 양육하는 걸 무척 좋아했다.

딸들 역시 아빠와 더 많은 시간을 보내면서 다양한 혜택을 얻었다. 사실 시간이 지나면서 아빠의 양육 방식을 훨씬 더 좋아하게 되었다. 그의 편안하고 유연한 스타일이 아이들에게 즐거움을 주는 것 같았다. 나중에는 아이들이 이렇게 말하곤 했다. "언제 외출하실 건가요, 엄마?"

나 또한 긴장을 풀고 우리의 새로운 생활을 즐기게 되었다. 내가 없어도 된다는 것이 사실은 너무 좋다. 내가 우리 가족을 붙들어 주지 않아도 삶은 아무런 지장도 받지 않는다. 아빠와 함께 시간을 보낸 덕분에 딸들 또한 정서적으로, 정신적으로, 육체적으로, 그리고 영적으로 좋은 영향들을 많이 받았다. 요리가 그의 특기로 발전하지는 않았지만 남편이 저녁 준비를 하는 날 잠시라도 쉴 수 있다면 상관없다.

이러한 변화는 앞으로 있을 다른 많은 변화들의 본보기가 되었다. 우리는 시간에 경직되지 않고, 융통성 있게, 자기 역할들을 감당하는 한 팀으로 일하는 법을 배웠다. 우리 가족은 변화를 위해 함께 의논하고 합의점을 모았다.

만일 내가 과도하게 기능하여 누군가의 성장에 지장을 준다면 그것은 그에게 직접적인 해를 끼치는 것과 같다. 우리가 그리스도를 위해 다른 사람들을 잘 사랑하고 섬기려면 그들이 스스로 할 수 있고 또 해야만 하는 것을 혹시 대신해 주고 있지는 않는지 분별할 필요가 있다.

특히 저항에 부딪혔을 때 이전으로 돌아오라며 우리를 강하게 끌어당기는 사람들 때문에 불안과 두려움을 느끼게 된다. 하지만 그들에게도 변화들을 받아들일 수 있는 시간을 주는 것이 필요하다. 어쩌면 그것이 최선이라서가 아니라 단순히 뒷자리에 앉아서 기다릴 수 있는 성숙함이 부족하기 때문에 무엇인가를 해주고 싶어 하는 지도 모른다.

자기 분량을 넘어서 일하고 있는 삶의 한 영역들을 간추려 보자. 그것은 일이 될 수도 있고 결혼생활이나 친구 관계, 자녀 양육, 교회 활동 그리고 학교생활일 수도 있다. 잠시 몇 분 동안 이제까지 살펴보았던 단계들을 다시 한 번 검토해 보라.

- 자신의 과기능을 인정하라.
- 분란을 일으키라.
- 혼란에 대비하라.

• 혼들리지 마라.

오늘날 당신이 실제적으로 실천할 수 있는 방안에는 어떤 것이 있겠는가? 성령님께 구하면서 이것을 용기 있게 하나님께 올려 드리라. 신뢰할 만한 멘토나 성숙한 친구와 상의해도 좋을 것이다. 그러고 난 후 하나님이 보여 주시는 길을 향해 한 걸음 내디디라.

자기 분량을 넘어 일하는 것을 멈출 때 우리는 다음 단계의 멈춤, 곧 '잘못된 생각의 벽을 깨기'로 나아가게 된다. 다음 장에서는 사실은 거짓인데 그것이 진실인 줄 믿고 있는 생각들을 중단하는 것에 대해 살펴보고자 한다. 잘못된 생각을 멈추게 되면, 그리스도의 사랑 안에서 보다 큰 자유를 얻게 되며, 우리 삶 깊은 곳에 숨겨진 방해물들을 치울 수 있을 것이다.

Chapter 8

잘못된 생각의
벽을 깨기

6백 년 전 사람들은 지구가 평평하다고 믿었다. 그들은 계속 나아가다 지구 밖으로 떨어질지도 모른다는 공포심 때문에 위험을 무릅쓰고 바다 멀리 항해하는 것을 두려워했다.

2천 년 동안 이어진 '방혈법'이라는 치료법은 대량의 피를 몸에서 빼내는 것으로, 암을 비롯해 소화불량에서부터 폐렴에 이르기까지 모든 질병을 치료하는 데 쓰였다. 미국 역사를 살펴보면 북미 원주민들과 아프리카계 미국인들은 오랫동안 열등하고 모자란 이등 국민으로 취급되어 왔다.

백 년 전까지만 해도 여성들은 투표에 참여할 권리조차 없었다. 여성의 지적인 활동들은 '정교한' 여성 생물학에서는 해로운 것으로 여겨졌다.

최근 1900년대까지 적어도 인구의 99퍼센트는 인간이 절대로 날 수 없다고 굳게 믿고 있었다. 심지어 가까운 1960년대까지도 대부분의 사람들은 인간이 달 위를 걸어 다니리라곤 상상조차 하지 못했다.

내가 무엇을 말하려고 하는지 아마 짐작할 수 있을 것이다. 앞에서 언급한 가정들은 모두 완전히 잘못된 것이라는 사실이 이제는 이미 증명되었다. 이처럼 잘못된 믿음은 현재 삶을 경험하는 능력과 하나님이 의도한 미래를 향해 전진하는 능력을 심각하게 제한하고, 최악의 경우에는 우리의 삶과 문명까지 파괴한다.

잘못된 생각은 거짓을 진실이라고 믿는 것을 말한다. 마크 트웨인은 이와 관련하여 다음과 같이 말한 적이 있다. "우리가 알지 못하는 무엇이 우리를 해치는 것이 아니다. 우리가 잘못 알고 있는 무엇이 우리를 해친다."

이처럼 잘못된 생각은 정서적인 그리고 영적인 건강에 치명적인 위협이 된다.

- 잘못된 생각 때문에 무력감이라는 수렁에 빠질 수 있다.
- 잘못된 생각 때문에 절망감에 빠져 꼼짝달싹 못할 수 있다.

- 잘못된 생각 때문에 잘못된 죄책감에 빠질 수 있다.
- 잘못된 생각 때문에 즐거운 삶을 살지 못할 수 있다.
- 잘못된 생각 때문에 미래에 대한 희망을 잃을 수 있다.
- 잘못된 생각 때문에 진정한 관계를 맺지 못할 수 있다.
- 잘못된 생각 때문에 불필요한 고통 안에 갇힐 수 있다.
- 잘못된 생각 때문에 그리스도 안에서 주어진 우리의 가능성이 제한될 수 있다.

잘못된 생각은 전염성 또한 강해서 쉽게 퍼질 수 있다. 이것은 대부분 우리의 인식을 넘어 무의식 안에서 작용하기 때문에 매우 위험할 수 있다. 이 치명적인 질환을 근절시키려면 거의 뇌 이식 수술에 비교될 만한 매우 극단적인 수술이 필요하다!

잘못된 생각에서 벗어나는 긴 여정

처음 남편과 함께 개척 교회를 시작했을 무렵, 결혼생활, 자녀 양육, 교회 사역, 그리고 영성을 포함한 몇몇 부분에서 전형적인 잘못된 생각 때문에 많은 고통을 겪었다. 그리스도인의 공동체에 대한 잘못된 이해 또한 그 가운데 하나였다.

그 당시 교회에는 여러 젊은 가정들이 출석하고 있었다. 우리는 뉴욕과 같은 대도시의 중심에서 역병처럼 돌던 외로움에 맞서 우리만의 지역 공동체를 세우고 서로 연결되기 위해서 모두 같은 동네로 이사를 했다. 단지 같은 동네에 사는 정도가 아니라 서로서로 붙어 있었다. 우리는 방들이 집 전면에서부터 후면으로 계속 연결되는 기차칸과 비슷한 구조의 아파트를 소유하고 있었다. 다시 말해 이 아파트는 복도가 따로 없었기 때문에 한 방을 거쳐야만 다른 방으로 갈 수 있다. 우리 침실이 뒤뜰로 나가는 복도 역할을 했기 때문에 교회 야외 파티라도 열었을 경우에는 사람들이 우리 침실을 통과해서 뒤뜰로 나갔다. 이것은 그다지 유쾌한 일은 아니었지만 나는 공동체를 위해 모든 것을 참았다.

처음 몇 년 동안 우리 공동체는 하나님이 허락하신 새롭고 흥미로운 것들을 통해 많은 즐거움과 뜻 깊은 경험들을 함께했다. 많은 시간을 함께 보내고, 아이들을 함께 키우고, 그리고 목표들을 함께 공유하려고 힘썼다. 그것은 많은 시간의 공동생활을 의미한다. 그것도 아주 많은 양의 것을 의미한다.

그러나 우리는 공동체로 함께 지내는 동안 세 가지 주요 요인에 의해 불구가 되어 있었다. 첫째, 서로의 차이점을 존중하는 법을 잘 몰랐다. 나는 오랫동안 아름다움과 공간을 필요로 하는 내 성향에 대해 죄책감을 느껴 왔다. 그래서 8년 후 우리 가족이 예전에 살던 협소한 아파트에서 퀸즈의 다른 동네에 위치한 단독주택으로 이사했을 때 그것이 잘못인 양 느꼈다. 더욱 아이러니한 것은 다른 가족이 더 살기 편한 교외로 이사하기로 결정했을 때 나 자신이 그들을 판단했다는 사실이다. 우리는 건강한 분리성과 공동성을 이해하지 못했을 뿐 아니라 복잡성, 애매모호함, 그리고 질문들을 수용할 여유도 많이 없었다.

둘째는 같은 교회에 다니는 교인들과 친밀한 우정을 쌓을 수 있다는 생각을 넘어서 항상 쌓아야만 한다는 믿음이었다. 물론 교회가 긴밀한 우정을 위한 좋은 환경을 제공하는 것은 사실이지만, 건강한 교회 공동체와 가까운 교우 관계를 항상 동일시하는 잘못과는 매우 다르다.

공동체로서의 교회는 다양한 목적을 가진다. 예를 들어 우리는 공동의 사명과 가치를 지니고 있으며, 또한 공동으로 예배를 드린다. 어떤 이들에게는 교회 공동체가 긴밀한 우정을 맺을 수 있는 주요 근원지가 되기도 하지만 다른 이들에게는 그렇지 않을 수 있다.

교회 공동체와 친밀한 교우 관계를 동일하게 여겼던 잘못된 믿음 때문에 남편과 나는 우리가 고용했거나, 멘토링 했던, 혹은 상담을 하거나 영적 지도를 했던 사람들과 가까운 친구 사이가 되었다. 남편은 교회의 수석 목사였고 영적 지도자였지만 때때로 우리 친구들의 감독관이자 보스였다. 나 역시 종종 같은 친구들의 팀 리더였고 멘토 역할을 했다.

그들과 우리의 비공식적인 친구 관계는 우리 부부의 더 공식적인 역할들로부터 분리될 필요가 있었다. 아니나 다를까 우리 때문에 또는 우리 친구들 때문에, 공식적인 역할을 수행할 때 친구 관계에는 부정적인 영향이 따랐다. 팽팽한 긴장감과 함께 종종 상처받은 감정들이 뒤따라 왔다.

몇몇 현명한 멘토들의 도움으로 우리는 진정한 공동체가 가까운 친구 관계와 항상 동일하다는 생각이 잘못된 것임을 알게 되었다. 그것도 수년이 지나서 말이다. 또한 친밀한 우정이 건강한 교회와 공동체들 안에서 발전된다고 말하는 것이 더 정확하다는 것을 알게 되었다. 그것은 축하할 일이고 격려할 일이다. 하지만 '항상'이란 단어를 쓸 때 문제가 생긴다.

지금은 이중 역할의 연약성과 위험성을 훨씬 더 잘 알고 있다. 특히 이중 역할을 하는 사람이 교회에서 리더십을 맡고 있을 때 더욱 그렇다. 이중역할에서 나는 고용주이지만 동시에 친구고 혹은 당신의 목사이면서 동시에 친구다. 비록 때때로는 그럴 수 있겠지만, 이중역할들이 본래부터 잘못되었다거나 부적합하다는 것이 아니라 그 역할이 워낙 복잡하기 때문에 그 일을 잘 이행하려면 두 사람 다 상당한 성숙해야 한다.[1]

세 번째 문제는 성숙하게 경청하기, 솔직하게 말하기, 그리고 갈등 해결하기와 같은 정서적으로 건강한 기술들의 비결을 습득하지 않고도, 우리가 건강하고 친밀한 그리스도인 공동체로 살아갈 수 있다고 믿는 것이다. 부부의 갈등은 종종 곤란한 상황에서의 분노나 불만의 폭발, 무언의 분노, 그리고 서로 다른 기대치 등과 같은 다른 맥

락들로 확산되는데 우리에게는 그것을 상대할 능력이 없었다. 우리는 자신을 잘 알지 못했다. 그런데 어떻게 서로를 적절하게 공유할 수 있었겠는가?

공동체에 대한 나의 잘못된 생각은 불과 몇 분야로 꼽을 수 있지만 우리는 셀 수 없이 많은 방법으로 우리의 삶에서 잘못된 생각들을 붙잡고 있다. 각각의 방법은 일터에서, 가정에서 그리고 교회에서, 우리가 어떻게 예수 그리스도 안에서 믿음을 따라 살지에 엄청난 영향을 미친다.

세 가지 종류의 잘못된 사고

심리학자인 마이클 얍코는 그가 저술한 《우울증의 대물림 *Hand-Me-Down Blues*》에서 인생을 바라보는 우리의 방식을 왜곡시키는 세 가지 주요 유형을 다음과 같이 요약한다.

- 전부가 아니면 무(無)라는 사고
- 모든 것을 개인적으로 받아들임
- 아무것도 절대 바뀌지 않을 것이라는 사고

이 세 가지 모두 공동체를 설립할 때 겪었던 혼란스러움과 고통에 한몫을 했다. 게다가 모두 알다시피, 이것은 우리 삶의 모든 영역으로 확장되어 적용된다.

대부분 교회들은 이런 왜곡들에 대해 거의 언급하지 않는다. 또한 영성 형성이나 제자도 훈련에서도 거의 다루지 않는다. 그러나 우리가 이 몇몇의 간단하지만 파괴적인 오해들을 멈추기로 선택할 때 우리는 무력함, 절망감, 거짓된 죄책감, 그리고 불필요한 고통들로부터 해방될 수 있다. 그리고 무엇보다 하나님의 약속을 체험하게 된다. "하나님이 우리에게 주신 것은 두려워하는 마음이 아니요 오직 능력과 사랑과 절제하는 마음이니…"(딤후 1:7). 우리는 약속하신 이 도구들을 가지고 능력을 발휘하여 하나님이 계획하신 미래를 향해 나아가야 한다.

잘못된 사고 1: 전부가 아니면 무(無)라는 사고

전부가 아니면 무라는 사고는 모든 것을 실제보다 훨씬 더 크게 부풀려서 과장한다. 이런 사고는 인생의 한 면이 잘 풀리지 않을 경우 그 경험을 전체화시켜서 우리 인생의 모든 잘 면이 풀리지 않는다고 묘사해 버린다. 그리고 모든 사건이나 상황들을 검은색 또는 흰색으로만 해석한다. 거기에는 인생에서의 어중간함이라든지, 빛깔, 소리, 의미, 감정 등의 미묘한 차이라든지, 또는 우리 인생의 너무 많은 일면인 미세한 차이를 구별할 여지가 없다. 이런 사고는 숲만 볼 줄 알았지 그 안에 있는 나무들은 보지 못한다. 예를 들면 다음과 같은 생각들이다.

- 취업 면접을 망쳤을 때 당신은 이렇게 생각한다. "나는 패배자일 뿐이야."
- 그리스도인이라고 자처한 사람과의 나쁜 경험은 모든 그리스도인들은 위선자라는 믿음으로 이어진다.
- 시험에서 B학점을 받으면 자신이 실패자가 되었다고 단정짓는다.
- 겉모양만 번듯한 자동차를 사고 나서 잘못 샀다고 후회가 될 때 이렇게 생각한다. "나는 앞으로 절대 좋은 차를 고를 수 없을 거야."
- 긴 한 주를 지낸 후 당신의 인내심이 거의 바닥이 난 상태에서 이렇게 생각한다. "아이들에게 소리를 지르다니… 난 끔찍한 부모야."
- 어제 저녁에 있었던 소그룹 미팅이 부자연스럽고 어색했을 때, 이렇게 단정한다. "어제 저녁에 좋은 토론을 갖지 못했으니까 나는 부족한 리더임이 분명해."
- 배우자와 특별한 데이트를 계획했는데 불손하고 미숙한 식당 종업원 때문에 식사를 망쳤을 경우, 당신의 머릿속은 온통 이런 생각이 맴돈다. "오늘 저녁은 모두 엉망진창이 되어 버렸어!"

우리는 성경의 인물 가운데 하나인 야곱이 이 사고의 전형적인 예임을 알 수 있다. 그는 전부가 아니면 무라는 생각으로 고통스러워하며 다음과 같이 울부짖는다. "요셉도 없어졌고 시므온도 없어졌거늘 베냐민을 또 빼앗아 가고자 하니 이는 다 나를 해롭게 함이로다"(창 42:36).

야곱의 인생에 좋은 일이 일어나고 있었지만 그는 그것을 볼 수 없었다. 한 가지 상황이 악화된 것처럼 보일 때 야곱에게는 모든 상황들이 끔찍하게 보여졌다. 그는 아들 요셉이 사망했다고 믿고 있었고 그리고 지금 두 아들도 잃게 될 것이라고 믿었다.

비록 그의 우려는 유효했지만 '모든 것이 나를 해롭게 한다'라는 식의 전체적인 사고는 진실이 아니었다. 그는 하나님이 우리를 축복하시는 여러 가지 방법들을 보지 못했을 뿐 아니라 이제 막 크게 축복하시려는 것을 깨닫지 못했다. 하나님이 그의 가족을 이집트로 이주시켜서 그들을 굶주림에서 건지시려는 광대하고 장기적인 계획을 구별하지 못한 것이다. 시간이 더 흐르면, 그의 가족은 이스라엘의 기초를 형성할 것이고 궁극적으로 세상의 구원자가 그들 가운데서 나올 것이다.

우리의 전부가 아니면 무라는 사고는 비극이다. 우리는 진실이 아닌 것을 믿으며 그것을 주변에 퍼뜨린다. 나는 그때까지 성경적인 공동체가 오직 한 가지 모습이어야 한다고 잘못 믿고 있었다. 다른 선택의 여지는 없다고 스스로를 설득했지만 나는 더 이상 그것을 감당할 수 없었다. 그 결과로 무력감과 절망감, 또한 약간의 우울증을 앓았다. 공동체에 대한 나의 '모 아니면 도'라는 사고방식이 나를 그 지경에 이르게 한 것이다.

아래의 예문들을 통해 왜곡된 사고를 어떻게 교정하는지 살펴보도록 하자.

잘못된 사고	바른 사고
나의 상사는 절대 바뀌지 않을 것이다.	하나님이 나를 변화시킬 수 있다면 나의 상사도 변화시킬 수 있으시다. 또한 나는 상사와의 관계에서 도움이 될 만한 새로운 전략을 계발할 수도 있을 것이다.
설교 도중에 휴대전화 벨이 울리는 바람에 오늘 예배가 엉망이 되었다.	전화 벨 소리에 짜증은 났지만 찬양, 설교, 그리고 예배 후 친교 등 다른 부분에서는 상당히 좋았다.
남자들은 신뢰할 수 없다.	내가 비록 남자에게 배신당한 적이 있지만 충실하고 신뢰할 수 있는 남자들도 많이 있다는 것을 안다.
그 남자와 헤어졌기 때문에 나는 실패자다.	비록 관계는 고통스럽게 끝났지만 몇 가지 면에서 도움이 되는 것을 배웠다. 그리고 나는 건강, 일, 가족과의 관계, 그리고 영적인 삶과 같은 인생의 다른 분야에서는 성공했다.

변호사들은 믿을 수 없다.	정직하지 않은 변호사들도 있지만 정말로 훌륭한 변호사들도 일부 있다.
그녀는 모든 게 불만이다.	삶에서 힘든 부분 때문에 불평을 하긴 하지만 그래도 일이나 외모, 부모에 대해서는 불평하지 않는다.
나는 스트레스로 인해 완전히 지쳐 있다.	시험에 낙제할지도 모른다는 우려 때문에 스트레스를 엄청 받고 있긴 하지만 사람들과의 관계, 교회 생활, 재정 문제, 건강 상태 등의 다른 부분에서는 전혀 스트레스를 받지 않는다.

우리가 사용하는 말 가운데 '항상', '전부', '모든 사람', 또는 '절대로'와 유사한 단어들이 많다면 이것은 우리가 '전부가 아니면 무'라는 사고를 하고 있다는 표시이다. 간단하게 우리의 표현을 바꾸는 것만으로도 우리 안에 큰 변화를 만들 수 있고 또한 상황을 다른 식으로 재구성할 수 있을 것이다

우리가 '모 아니면 도'라는 생각에 빠져 있으면 하나님께서 우리 삶에 다양한 방법으로 찾아오실 때 그것을 쉽게 놓쳐 버릴 수 있다. 이스라엘의 구원자인 예수님이 나사렛이라는 조그마한 마을 출신이라는 말을 듣고 나다나엘이 보였던 반응을 떠올려 보자. "나사렛에서 무슨 선한 것이 날 수 있느냐"(요 1:46).

그는 고정관념에 기초해 잘못된 판단을 했다. 예수님은 그것을 개인적으로 받아들이거나 방어하지 않으셨다. 그 대신 나다나엘의 미숙하고 왜곡된 생각을 바로잡아 주시고, 자신을 따르게 하셔서, 미래의 크고 위대한 일들에 대해 그의 눈을 열어 주셨다.

잘못된 사고 2: 모든 것을 개인적으로 받아들인다

모든 자료들을 수집하기 전에 무엇인가에 공격적이 되거나, 책임을 지거나, 혹은 누군가를 비난한다는 것은 우리가 그 사태를 개인적으로 받아들인다는 것이다. 우리는 대부분의 상황에서 모호함을 무시하는 경향이 있으며 너무 빠르게 사건들을 부정적으로 해석하곤 한다. 그러나 거의 대부분의 경우에 우리의 해석은 현실이 아닌 우리가 우리 자신에게 말하고 있는 이야기에 기반을 두고 있다. 예를 들면 다음과 같은 것이다.

- 친구가 점심 약속에 늦으면 그 친구가 나를 무시한다고 받아들인다.
- 올해 월급이 인상되지 않았다면 분명 회사 측에서 나를 일 못하는 사람으로 평가했다고 믿는다.
- 리더가 되어 달라는 요청을 받지 못했으면 목사가 나를 재능 없는 사람으로 믿고 있다는 것이다.
- 내가 너무 간절하게 원했던 취업 면접에서 떨어졌다. 나는 면

접을 잘 못하는 사람인 것이 분명하다.

- 성탄절 공연을 위해 수고한 사람들의 명단에 내 이름이 빠졌다. 그들은 분명 나의 공헌이 중요하지 않다고 느꼈다.

모든 자료를 충분히 가지지 못한 상태에서 어떤 부정적인 해석에 이르렀을 때, 우리는 자신에게 불필요한 고통을 안겨 주게 된다. 이것은 우리의 관계에 대혼란을 야기시키고 그 결과 자신이 피해자라는 의식과 함께 무책임한 비난자라는 오명을 쓰게 된다. 사실을 기반으로 하지 않은 분노들만 가득 쌓이게 되는 것이다.

한번은 나를 제외한 모든 친구들이 함께 저녁식사를 했다는 소식을 들었다. 당시 그 식사에 초대를 받지 못했던 나는 그 일로 화가 났고 나한테 전혀 신경을 쓰지 않는 친구들 때문에 상처를 받았다. 그 일을 개인적으로 받아들인 것이다. 하지만 실은 단순히 우발적으로 이루어진 점심 식사였을 뿐이었다. "얘들아, 우리 점심이나 먹으러 갈까?"와 같은, 초대장 같은 건 있지도 않은 간단한 점심 모임이었다. 나는 괜한 상상으로 기분이 상했던 것이다. 심지어 사실도 아닌 것을 곱씹으며 기력을 낭비했다.

십계명의 아홉 번째 계명은 이것이다. "네 이웃에 대하여 거짓 증거하지 말라"(출 20:16). 우리가 다른 사람에 대해 사실이 아닌 것을 성급히 결론 내리면 이 계명을 깨는 것이다. 우리의 분노는 종종 시간이 흐른 후 그들을 용서할 수 없는 것에 대한 죄의식으로 돌아온다. 그리고 우리가 닦아야 할 영성은 왜 이렇게 많은지, 또 공동체 생활은 왜 그렇게 복잡하고 엉망인지 궁금해 한다.

어떤 상황에서, 일들이 왜 그런 방식으로 일어나는지에 대해서는 여러 가지 가능성들이 있다. 그리고 그 이유 중 상당수는 우리와 상관이 있을 것이다.

아래의 몇 가지 예들을 생각해 보라.

잘못된 사고	바른 사고
그가 내 전화나 이메일에 답해 주지 않는다. 나한테 화가 난 게 틀림없다.	어쩌면 메시지를 보지 못했을 수 있다. 급하게 서두르느라 시간이 없었을지도 모른다. 그가 잊어버렸거나 혹은 다른 문제로 정신이 없을 수도 있다.
직장 동료들이 함께하는 점심인데 나를 불러주지 않는다. 그들이 나를 싫어하는 것 같다.	어쩌면 같은 프로젝트를 하는 그룹이어서 같이 점심을 먹어야 했는지 모른다. 아마도 나를 부를 수 없었던 이유가 있었을 것이다. 그들은 누구와 밥을 먹을지 자유롭게 선택할 수 있고, 나 또한 개의치 않는다.
존이 오늘 교회에서 아는 척을 하지 않았다. 그가 나를 피하는 것 같다.	존이 겨를이 없었거나 혹은 다른 무엇인가에 집중하느라 나를 보지 못했을 것이다.

나는 취직을 하지 못했다. 오늘날의 취업 시장에서 무능력한 사람이다.	나는 이 특별한 직장을 얻지 못했다. 상사의 조카 또한 면접을 봤으니까 아마 그가 붙었을 거다. 나는 취직을 위해 필요한 교육/지도를 받을 수 있다.
수잔은 내가 이끄는 소그룹 모임에서 말이 없는 편이다. 내가 리더인 것이 마음에 들지 않는 것 같다.	수잔은 어쩌면 매우 피곤했거나 자신의 고민에 대해 아직은 모임에서 밝히고 싶지 않을 수 있다.

대부분의 인생은 애매모호해서 해석이 필요하다. 따라서 우리가 성급하고 즉흥적인 판단을 하게 될 때 그것은 흔히 잘못된 데로 흐르기 쉽다.

사태를 개인적으로 받아들이지 않았던 사람의 현저한 예가 바로 예수님의 어머니인 마리아다. 요셉이 조용히 파혼 의사를 알렸을 때 마리아는 전혀 분노하지 않고 깊이 생각했다. 우리가 알다시피, 아홉 달 만삭의 몸인 자신에게 방을 내주지 않았던 여관 주인에게도 불쾌한 말조차 하지 않았다. 후에 성전에서 아기 예수를 봉헌하게 되었을 때 시므온은 그녀에게 이런 말을 했다. "또 칼이 네 마음을 찌르듯 하리니"(눅 2:35).

이 노인의 곤란한(까다로운) 말에, 보호 본능을 가진 부모라면 누구라도 화를 내거나 기분이 상했을 법 하지만 마리아는 오히려 깊이 생각하고 이 일을 마음에 소중하게 새겼다(눅 2:48-51).

마리아가 정확히 무슨 생각을 했는지는 모르지만 그녀는 쉽게 자신을 이렇게 설득시킬 수 있었다. "나한테 뭔가 문제가 있나 보다", 또는 "저 사람들에게 뭔가 문제가 있는가 보다." 하지만 마리아는 남들의 행동이 이해되지 않을 때도 자신에게 그들에 대해서 부정적으로 이야기하지 않는 강한 자제력이 있는 것 같았다. 일어난 사건에 관해 개인적인 감정을 투입하지 않는 능력은 어쩌면 마리아의 영성이 지닌 위대한 비밀 가운데 하나일지 모르겠다.

마리아는 하나님과의 관계에서 사람들이 말했던, 또는 자신을 대우했던 방식 때문에 그들을 '나쁘다'든지 '사악하다'라고 꼬리표를 달지 않았다. 그들이 자신을 오해했어도 보복하지 않았다. 마리아는 다른 이들의 행동을 잘못 해석하는 영적 독주를 마시지 않았다. 이와 마찬가지로, 우리도 모든 사태를 개인적으로 받아들이지 않을 때 진정한 영성의 표적 및 그에 이르는 길로 접어들 수 있을 것이다.

잘못된 사고 3: 아무것도 절대 바뀌지 않을 것이라는 사고

세 번째 나쁜 사고방식은 미래에 대한 우리의 시각과 관련되어 있다. 만약 아무것도 절대 변하지 않을 것이라고 믿고 있다면 당신은 과거에 깊이 뿌리내리고 있는 것이다. 자기 자신이나 다른 이들, 혹은 상황이 바뀔 수 있다는 가정을 하면 우리 안에는 그것을 바꿀 에너지가 생기게 된다.

당신의 원가족이 힘겨운 도전 앞에 섰을 때, 혹은 어려운 상황에 빠졌을 때 어떤 방식으로 그 문제에 접근했는지 돌아보라. 당신 역시 비슷한 방식으로 그것들을 처리할 가능성이 많을 것이다. 우리가 아무것도 절대 변하지 않을 것이라는 잘못된 생각에 빠져 있다면 다음과 같은 식으로 생각할 것이다.

- 나는 결코 멋진 관계를 유지하지 못할 것이다.
- 우리 가족은 언제나 역기능 가정으로 남을 것이다.
- 싱글로 지내는 이상 나는 결코 행복할 수 없을 것이다
- 우리는 절대로 ○○○ 목사님과 같은 훌륭한 분은 못 찾을 것이다.
- 이 가족 안에 머무는 한 행복하기란 글렀다.
- 우리 아이는 늘 이렇게 까다로울 것이다.
- 나는 어떤 친구도 사귀지 못할 것이다.

사울 왕과 그의 군대는 자신들의 상황이 절대로 바뀌지 않을 거라고 믿었다. 거대한 골리앗과 블레셋 군대를 물리칠 힘이 자신들에게는 없다고 생각했다. 하지만 그들의 생각이 틀렸다. 하나님은 경건하면서도 그 상황을 타개할 새로운 전략을 지닌 양치기 소년 다윗을 사용하셨다.

베드로 사도는 우리의 신념이 절대 변하지 않을 것이라고 믿었다. 그는 유대인 신자로서 이방인 집의 문턱은 절대로 넘지 않았다. 교회가 성장하기 시작하면서부터 그는 유대인과 이방인이 별도로 유

지되어야 한다고 굳게 믿었다. 그러나 하나님은 환상을 통해 그의 신념이 변할 수 있음을 보여 주셨다(행 10-11장). 예수님께서 십자가에서 돌아가시고 장사되신 후, 제자들은 더 이상 아무것도 바꿀 수 없다고 믿었다. 하지만 예수님은 죽음을 이기고 부활하셨다. 결국 성령을 우리에게 보내 주심으로 전 세계에 수천만의 국제적인 교회들을 탄생시키셨다.

과거는 미래를 예측할 필요가 없다. 모든 것은 더 나아질 수 있다. 미래에도 동일한 것을 지탱할 필요가 없다. 우리는 바꿀 수 있다. 아래의 도표에 나열된 보기들을 생각해 보라.

잘못된 사고	바른 사고
나는 결코 이성과 건강한 관계를 가질 수 없을 거야.	성공적인 이성 관계를 위해 필요한 기술을 배우면 될 거야. 나의 과거가 미래가 될 필요는 없어.
내 상사는 절대로 나를 이해하지 못할 거야.	상사에게 다른 방식으로 접근하도록 노력할 거야. 과거가 미래로 연결되라는 법은 없지.
우리의 결혼 생활은 언제나 힘들 거야.	나는 필요한 도움과 지도를 받을 수 있고 그래서 나의 결혼생활은 즐거워질 수 있어. 과거와는 다른 미래를 만들어 갈 수 있어.

우리 아들은 학습 장애 때문에 항상 어려움을 겪을 거야.	아들과의 관계를 개선하기 위해 장애에 잘 대처하는 법을 배울 수 있을 거야. 미래와 과거가 같을 필요는 없지.
우리가 좋아하고 가격도 적당한 집을 절대 찾을 수 없을 거야.	시간, 인내, 좋은 관리, 그리고 기도로 좋은 집을 찾을 수 있을 거야. 다른 지역을 알아봐도 되고, 주택 구입 조건을 조정할 수도 있지. 과거의 경험 안에 갇혀 미래로 못 나아가면 안 되지.

오랫동안 나는 우리 교회가 절대 바뀌지 않을 거라는 생각 때문에 두려웠다. 갈등과 위기는 삶의 질에 항상 부정적인 영향을 끼칠 것이라고 믿었다. 심지어 오늘날도 "교회에 문제가 생겼다"라는 소식을 전해 들으면 가끔 본능적인 반응을 보인다.

하나님께서는 나를 교회 밖으로 나가게 하지 않으시고 그 대신 나와 우리 교회를 거대한 완전함과 거룩함 안으로 들어가게 하셨다. 나는 아무것도 절대 변하지 않을 것이라는 잘못된 사고를 극복하는 것을 배우기 시작했고, 앞으로도 계속 배울 것이다.

당신의 미래는 예전에 경험했던 어떤 것보다 더 좋을 수 있다. 미래가 과거와 같이 상처를 주는 패턴일 필요는 없다. 당신이 과거를 지나치게 생각하느라 불필요하게 투자했던 에너지를 취해서 그것을 미래를 위한 변화를 만드는 데 사용해 보라.

잘못된 사고의 벽을 깨라

잘못된 생각을 멈추려면 최선을 다해야 한다. 그것은 도전적인 작업이면서 직관과 반하는 일이기 때문에 마치 벽에 구멍을 내고 깨뜨리는 것에 비유될 수 있다. 나의 경우 그리스도 안에서 나를 찾아가는 일환으로 잘못된 생각에 초점을 두기 시작한 것은 불과 몇 년 전의 일이다. 이렇게 하는 동안 이 벽을 깨뜨리고 새로운 토대를 형성하는 데 적용했던 세 가지 핵심 원칙이 있다.

원칙 1. 언제 자신의 감정을 따르지 않을 것인지 감지한다.

원칙 2. 마음 읽기를 멈춘다.

원칙 3. 뭔가 다른 일을 시도한다.

관련된 상대가 직장동료, 친구, 배우자, 부모, 혹은 자녀 누구이든, 이 잘못된 사고의 장기적인 돌파구를 얻기 위해서는 세 가지 모두를 훈련해야 한다.

언제 자신의 감정을 따르지 않을 것인지 감지한다

4장에서 언급한 바와 같이, 성경은 하나님에 대해 감정을 지닌 분으로 소개하고 있다. 하나님은 인격체이시다. 그분의 형상을 따라 창조된 우리 또한 감정을 느낄 줄 아는 능력을 지니고 있다. 나의 감정들에 귀 기울이는 것과, 적절한 경우 그것에 따라 행동하는 법을 배우는 일은 그리스도 안의 나의 삶에 혁명을 일으켰다. 그리고 궁극적으로 내가 이 책에서 말하고 있는 '멈춤들'을 발견하는 데 도움을 주었다. 하지만 그것들이 우리를 오도할 수(잘못 이끌 수)도 있기 때문에, 어떤 상황에서는 우리의 감정들을 따르지 말아야 한다. 다음과 같은 몇 가지 예를 고려해 보자.

한 친구가 당신의 이메일 또는 전화에 대해 3일 동안이나 회답이 없다. 당신은 자신의 어떤 행동이나 말 때문에 그 친구의 기분이 상했는지 궁금하다. 당신의 기분 또한 무척 언짢다. 당신이 성장하는 동안 뭔가를 잘못했을 때 어머니가 당신을 외면했던 방식과 비슷한 느낌을 받았기 때문이다. 당신은 온갖 부정적인 시나리오들을 상상하느라 잠을 설친다.

한번은 직장 회의에서 회의 진행자와 한 사람의 의견이 첨예하게 갈렸다. 긴장감이 고조됨에 따라 당신은 점점 불안해지고 그 자리에서 얼른 도망치고 싶다. 도저히 남아서 회의를 마저 끝낼 수가 없다. 그것은 흡사 당신의 어린 시절, 저녁 식탁에 감돌던 부모님들의 냉랭함과 해결되지 않은 긴장감과 유사한 느낌이다.

남편이 저녁 7시까지 오겠다고 말했지만 7시 반이 되어서야 집에 도착했다. 당신은 너무 화가 나서 이층에 있는 당신 방으로 들어가서는 남편과 함께 저녁도 같이 먹지 않는다. 그의 사과와 해명조차 아무런 소용이 없다. 당신의 가치가 제대로 존중 받지 못한 느낌이었고 그렇게 무심한 사람하고 계속 결혼생활을 지속할 수 있을 지 의문마저 생긴다. 항상 자주 늦었거나 거의 제시간에 학교에 데려다 준 적이 없는 아버지에게 의존해야 했던 어린아이 때의 불안감과 비슷한 느낌이 당신을 역습한 것이다.

소그룹에 속한 한 사람이 모임 내내 끊임없이 말을 해서 다른 사람들이 함께 참여하지 못한다. 당신이 모임의 진행자이기 때문에 그 사람을 다룰 책임이 있다. 어떻게 말해야 할지 여러 가지 각본들을 상상하면서 당신은 거의 잠을 이루지 못한다. 가정에서 큰소리로 말하지 못하고 자랐던 때와 유사한 무력감이 느껴진다.

당신의 직원이 오류투성이인 보고서를 제출했다. 이에 대해 추궁할 경우 그가 어떻게 반응할지 겁이 난다. 이런 감정 때문에 그 후 2주 동안 그를 피하게 된다. 당신의 부모님이 남동생의 바르지 못한 행동에 대해 추궁할 때마다 지켜보았던 동생의 심한 투정이 떠올랐기 때문이다.

이 모든 시나리오에서 볼 수 있듯이 과거에 느꼈던 감정들이 현재의 명징한 생각들을 가로채면 여러 가지 문제들이 발생한다. 현재에 일어난 상황이 과거에 일어났던 어떤 것과 유사한 느낌을 줄 경우, 균형을 잃고 이상반응을 하는 것이다. 우리가 경험했던 다양한 감정들은 마음속에 굳게 내장되었기 때문에 그 결과 우리는 논리적인 사고 과정을 무시하게 된다. 그래서 느닷없이 과잉반응을 보이는 것이다. 이런 압도적인 감정들은 사태를 파악하기 위해 필요한 명확한 질

문들을 못하게 한다: 지금 무슨 일들이 일어나고 있는가? 무엇이 사실인가? 내가 알고 있는 것은 사실인가? 나는 어떤 결말을 원하는가? 나의 감정들과 이 상황이 연관되어 있는가? 혹은 이 경우에는 감정을 개입시키지 말아야 하는가?

사고력과 감성은 인생을 잘 살아가기 위해 하나님이 우리에게 주신 내면의 길잡이 시스템과 같다. 우리의 느낌에 관심을 기울이는 것은 반드시 필요한 일이지만 그 다음에는 그 감정들을 어떻게 다루어야 할지 분명히 생각해야 한다. 우리가 그리스도 안에서 영적 어른으로 성장하기 위해 반드시 필요한 요소는 언제 감정을 따를지, 또는 따르지 말지 분별하는 것이다.

마음 읽기를 멈추라[2]

하나님은 전지전능하신 분이다. 그분은 모든 상황과 모든 일을 알고 계신다. 오직 하나님만이 다른 사람들의 마음 안에 무슨 일이 일어나고 있는지 아신다. 그럼에도 불구하고 우리는 일상적으로 다른 사람에 대해 자신만의 가정을 하거나 사실들을 확인하지 않은 채 특정한 행동에 대해 해석함으로써 감히 하나님 행세를 한다.

이런 확인되지 않은 가정들은 많은 불필요한 고통과 혼란을 일으킨다. 마음 읽기를 멈추기, 이 간단한 기술을 터득할 수 있다면 우리의 가정과 일터, 그리고 교회 안에 발생하는 대규모의 잘못된 생각을 방지할 수 있다. 이 안에 그 열쇠가 있다.

직장에서 항상 전화를 걸어 주던 남편이 하루는 전화를 하지 않았다고 상상해 보자. 당신은 그가 혹시 당신에게 화가 난 게 아닐까 궁금해지기 시작한다. 어젯밤에 약간의 말다툼이 있었지만 원만히 해결되었다고 생각했다. 당신은 최악의 경우까지 가정해 본다. 하루 종일 남편이 어제 일로 성숙하지 못한 행동을 하고 있다고 단정한다. 그러고는 어떻게 감히 당신한테 쌀쌀맞게 굴 수가 있는가 분해한다.

남편이 집에 도착하자 당신은 그를 무시하기로 마음먹고 잘 자라는 인사도 없이 자러 들어가 버렸다. 그는 무엇이 잘못되었느냐고 물어보지도 않고 부엌의 식탁에 남아 서류 작업을 계속한다. 이런 그의 행동은 당신의 가설을 다시 한번 확인시켜 주는 것 같다. 상황은 생각보다 훨씬 나쁘게 돌아가는 듯하다.

"내일 무슨 일이 있을지 누가 알겠어?" 불을 끄고 하루를 마무리하며 당신은 혼자 중얼거린다.

나중에 알게 된 일이지만, 사실 남편은 직장에서 긴급 상황이 벌어져 전화를 할 수 없는 상황이었다. 그런데 당신은 마음속으로 진실과는 거리가 먼 복잡한 시나리오를 썼던 것이다.

당신이 큰 행사를 계획하고 있는 교회 사역 팀의 일원이라고 상상해 보라. 당신은 감독으로서 팀 내 사람들과 꽤 많은 이메일을 주고받고 있다. 팀원 중 하나인 켄이 예전에는 따뜻하고 우호적이었는데 무슨 이유에서인지 요즘은 간결한 답변만 쏜살같이 보내는 것 같다. 당신은 이것을 수동적인 공격이라고 해석하고는 그가 당신에게 화가 나 있다고 가정한다. 그러면 당신도 가만히 있지 않겠다며 그 대가로 짧은 몇 개의 퉁명한 이메일을 보내 버린다. 얼마 지나지 않아, 켄과 전화 통화를 하는데 그는 여전히 따뜻하고 매력적이었다. 당신은 '그의 마음을 잘못 읽어서' 그에게서 온 이메일들을 부정적으로 해석했다는 사실을 깨닫게 되었다. 그래서 불필요한 불안 속에 떨었고, 마음속으로는 그를 죽이고 말았다.

이 두 가지 시나리오에서 보듯이 우리는 다른 사람의 행동을 부정적으로 해석하고 그들의 생각에 대해 잘못된 가정을 함으로써 나락에 빠지게 된다. 이런 태도는 마치 지뢰밭과 같아서 모든 관계를 위험에 빠뜨린다. 분노는 쌓여 가고 당신은 상처를 입는다. 이렇게 되면 다른 이들이 결코 들어올 수 없는 보이지 않는 담을 쌓게 된다. 그리고 최악의 결과로 당신 안에 계신 성령을 소멸시키게 된다.

누군가의 마음을 읽으려 하거나 아직 확인되지 않은 사실을 가지고 자신만의 가정을 하려고 하는가? 적당한 시기에 그 사람들에게 다음과 같은 질문들을 던져 보라. "그쪽 마음을 알아 맞춰 볼까요?", "저의 가정들이 맞는지 확인해도 될까요?", "당신에 대한 내 생각이 맞는지 말해 줄래요?"[3]

일단 그들이 좋다고 말하면, 당신의 생각을 견제하고 마음을 읽는 것을 멈출 수 있는 방법들을 찾기 위해 아래의 예문들을 고려해 보라.

- "내 생각엔, 올해 크리스마스 선물을 내가 책임지고 살 거라고 생각하는 것 같은데 맞나요?"
- "내 생일을 챙기지 못한 것 때문에 당신에게 서운한 마음을 가지고 있다고 생각하는 것 같은데, 맞나요?"
- "내 전화에 며칠 간이나 회신하지 않았다는 걸 알게 됐어요. 평상시의 행동과 달라서 그러는데 혹시 무슨 일이 있는 건가요?"
- "제인이나 리차드와는 반갑게 껴안으면서 나랑은 무심코 지나쳐 버려서 당황했어요. 혹시 내가 어떤 말이나 행동으로 당신을 화나게 한 건 아닌지 모르겠네요."
- "오늘은 웬일로 전화 한 통 없네요. 아무 일 없는 거죠? 아니면 지난 밤에 다툰 것 때문에 아직 껄끄러운 건 아닌가요?"

우리가 자신에게 말하고 있는 이야기들은 우리의 감정에 막대한 영향을 미친다. 함께 저녁을 먹기 위해 만나기로 한 친구가 사십 분이 지나도 도착하지 않았을 때 당신은 무슨 생각을 하는가? 말하는 내용에 따라 감정이 어떻게 달라지는가? "어쩌면 이곳으로 오다가 교통사고를 당했을지도 몰라", "이 관계에서 항상 내가 밑지는 것 같아. 그는 나만큼 이 관계를 소중히 여기지 않는 것 같아!" 각각의 해석은 각기 다른 감정을 만들어 낸다. 왜 그럴까? 그것은 우리 주위에 일어나고 있는 것들에 대해 우리가 자신에게 말하고 있는 이야기와 밀접하게 연관된다.

잘못된 생각을 멈추고 좋은 정서와 영적 건강을 유지하기 위해서는 마음 읽기를 멈추어야 한다. 그리고 머릿속에서가 아니라 사람들과 직접 만나 대화를 나눔으로써 우리의 가정들을 확인해야 한다. 그러려면 의도적인 결단이 필요하다.

새로운 시도가 주는 유익

아마도 대부분 알버트 아인슈타인의 명언 중에 자주 인용되는 '정신 이상'의 정의를 알고 있을 것이다. "어제와 똑같이 살면서 다른 내일을 기대하는 것은 정신병 초기 증세이다."

나 역시 해마다 몇 번이고 같은 일을 반복하며 살아 왔다. 그러면서 아무것도 바뀌지 않는다고 불평했다. 나는 항상 인생은 당연히 힘들 것이라고 짐작했고 다른 사람들에게 슈퍼우먼으로 인정받고 싶어서 모든 일과 모든 사람에 대해 '예'라고 대답했다. 게다가 나의 불행함을 피터의 탓으로 돌리고 다른 사람들 앞에서는 늘 웃는 얼굴로 나를 포장했다. 나의 슬픔, 분노, 그리고 두려움을 부인했고 나의 삶에 활기와 기쁨을 가져다주는 것들을 무시한 채 나 자신은 늘 맨 나중이었다.

잘못된 생각이라는 이 치명적인 굴레에서 벗어나기 위해 나는 다른 무언가를 시도해야만 했다. 수년 동안 나는 머릿속으로 사역자의 배우자로서 지닌 위험성에 대해 주문을 되뇌었다. 상처로 인한 어려움들, 직원들로 인한 위기, 불합리한 기대치들, 개인적 성장을 위한 도전들, 그리고 관계에서 빚어진 실망감들을 반복해서 재생시켰다. 그것들은 현재와 미래에 대한 나의 기준점이 되어 버렸다. 하지만 미래가 과거의 반복 그 이상이어야 한다는 것을 알게 됐을 때 다른 뭔가를 시도하게 되었다.

나는 시간을 내서 하나님과의 교제를 즐길 수련회에 참석하기로 했다. 야외 활동과 같은 내가 사랑하는 일들도 추구하기 시작했다. 이사도 했다. 피터와 나는 결혼생활을 위해 전문가의 도움을 청했다. 우리 부부는 관계 개선에 도움이 되는 여러 가지 방법들을 배웠다. 그리고 피터와 그의 일에 관해 경계를 정했으며 교회에서는 내가 할 것과 하지 않을 것에 관해 한계를 정했다. 내가 잘할 수 있는 관계가 몇이나 되는지에 대해서도 현실적인 판단이 생겼다. 그리고 사람들에게 자주 '아니오'라고 말하기 시작했다.

잘못된 사고의 웅덩이에 빠져서 헤어나오지 못하는 자신을 발견한다면 다음의 두 가지 질문을 던져 보라.

- "나는 기꺼이, 효과가 없는 익숙한 일을 중지하고 익숙하지는 않지만 성공할 가능성이 있는 다른 일을 시도할 수 있는가?"

- "지금의 상황을 바꾸기 위해 어떤 조치를 취하지 않는다면 20년 후에 난 무엇을 후회하게 될까?"

각각의 '멈추기'는 뭔가 극단적으로 다른 것을 하도록 부추겼고 대부분 처음에는 상당히 불편했다. 직관에 반하는, 기존 문화와도 상반되는 조치를 취한다는 것이 얼마나 어려웠는지 모른다. 우리는 이 것들을 과소평가하지 말아야 한다. 종종 우리 안의 모든 것들이 비명을 질러댔다. "변화는 위험해. 어쩌면 끔찍한 재앙이 발생할 수도 있어!"

건강하지 못한 패턴이 우리의 삶에 깊게 배어든 경우 혼자의 노력으로는 다른 조치를 취하기가 어렵다. 무엇이 달라져야 하는지 명백하지 않을 때는 멘토나 상담자, 또는 영적 지도자들을 찾아가 도움을 청하라. 나의 경우 외적인 도움들은 수년간 큰 힘이 되었다. 가끔은 보다 객관적으로 자신의 상황을 보기 위해서 경험이 많은 사람들의 도움이 필요하다.

옛날 속담에 '칠전팔기'란 말이 있다. 이 좌우명은 다음과 같이 바꿔야 한다. "만약 어떤 일에서 성공하지 못했다면 뭔가 다른 것을 시도하라!" 하지만 더 나은 미래를 위해서는 반드시 바른 생각, 현실적인 생각, 그리고 계획들이 필요할 것이다.

순풍에 돛 달고

2년 전쯤인가, 피터와 나는 처음으로 항해하는 것을 배우게 되었다. 내가 배운 가장 중요한 것 가운데 하나는 배가 전진하기 위해서는 돛을 올바른 위치에 두어야 한다는 것이었다. 초보자들에게 이것은 상당히 어려운 일이다. 돛의 위치가 바람의 방향과 일치하지 않을 때 세 가지 일이 일어날 수 있다. 배가 원을 그리며 돌거나, 전혀 움직이지 않거나, 아니면 전복하게 된다. 잘못된 사고는 마치 돛을 잘못된 위치에 두는 것과 같다. 그렇게 되면 앞으로 나아갈 수가 없다. 당신은 그저 같은 고통, 절망, 그리고 문제들을 반복적으로 경험하며 옴짝달싹 못하게 된다.

잘못된 사고의 벽을 깨뜨리는 일은 당신의 인생을 바꾸어 미래로 나아가게 한다. 잘못된 생각을 멈추면 당신의 돛 또한 활짝 펴진다. 그러면 순풍을 따라 자유롭게 항해할 수 있게 된다. 궁극적으로 그 순풍은 우리의 잘못된 생각을 수정하고 그 생각을 진리와 결합하게 하시는 성령님이다.

우리에게 주어진 독특한 인생을 용기 있게 걸어가려면 지금 살고 있는 현재의 삶을 자세히 살펴보아야 한다. 당신은 자신의 인생을 살고 있는가, 아니면 다른 누군가의 삶을 살고 있는가?

하나님께서 주신 자신의 삶을 책임 있게 살지 않는다면 그 삶은 없는 것이다. 이 세상에 당신과 같은 사람은 아무도 없다. 하나님을 경외하고 그분을 영광스럽게 하는 위대한 방법 가운데 하나는 두 번 다시없을 자신의 인생을 기꺼이 받아들이는 것이다. 이제 마지막 장의 주제인 '더 이상 다른 사람으로 살지 않기'에 대해 살펴보도록 하자.

Chapter 9

더 이상 다른 사람으로
살지 않기

피터와 결혼한 지 6개월이 지났을 때 우리는 1년 간 스페인어를 배우러 중앙아메리카로 떠났다. 그곳에서 1년의 일정이 끝나갈 무렵 피터는 니카라과로 여행을 떠날 준비를 했다. 당시 니카라과는 산디니스타 혁명 정권과 콘트라 반군 간의 내전이 막바지에 다른 때였다.

"여보, 정말 굉장한 일이지 않아?" 그는 나를 설득하며 말했다. "우리가 이제 스페인어로 말할 수가 있어요. 게다가 수도인 마나과에 거주하고 있는 한 가정이 우리에게 그곳을 구경시켜 줄 거예요!"

그때 나는 임신 6개월의 산모였고 그곳은 내가 원하던 휴가지와는 거리가 멀었다. 하지만 그럼에도 남편을 따라 나섰던 것이다. 내전으로 말미암아 그곳으로 가는 버스는 일주일에 한 번 한 대만이 유일했다. 습하고 덥던 화요일 아침, 우리는 코스타리카에서 출발하여 산길을 통해 니카라과로 가기 위해 낡은 그레이하운드 버스에 올라탔다. 대부분의 부모들이 전쟁에 나가는 것을 피해 아들들을 코스타리카로 불러들이는 바람에, 버스에는 고작 일곱 명의 승객만 타고 있었다. 그들은 대부분 화장지와 같은 니카라과에선 구입할 수 없는 물품들을 가득 담은 커다란 가방들을 가지고 있었다.

우리를 태운 버스는 세 시간 이상 지연된 후에야 마침내 출발했다. 운전기사는 아주 빨리 버스를 몰았는데 니카라과 근처 산악 지역에 들어서면서부터는 마치 페라리를 운전하는 것마냥 속력을 내었다. 문제는 산악도로에 가드레일이 없었다는 것이다. 가속 때문에 느꼈던 처음의 불편함은 이내 공포로 바뀌었고, 공포는 이내 공황 상태로 이어졌다.

나는 버스의 속도감을 견딜 수가 없었다. 그래서 비틀거리며 간신히 버스 앞쪽으로 가서 짧은 스페인어로 좀 천천히 운전해 줄 것을 요청했다. 하지만 운전기사는 아랑곳하지 않았다. 나는 다시 한 번 간청했지만 소용이 없었다. 평상시에도 다리 위를 걸어가거나 혹은 운전할 때 고도에 무척 약한 편이다. 하지만 이것은 완전히 차원이 달랐다.

나는 무릎을 끓고 기도를 드렸다. 그러다 이내 바닥에 엎드려 무릎 사이로 머리를 조아렸다. 나는 흐느껴 울었지만 그는 계속 달렸다. 피터가 천천히 달리라고 소리를 질러 봤지만 소용이 없었다. 결국 난 이렇게 기도했다. "좋아요, 하나님. 오늘이 저의 마지막이군요. 그렇다면 제발 빨리 데려가 주세요."

순간 버스가 통제력을 잃는 것 같았다. 운전기사는 승객들은 염두에 없었다. 나는 버스가 절벽 아래로 떨어질 순간만 기다리고 있었다. 그때였다. 버스가 고장이 났다. 운전기사는 재빨리 후드를 열고 연기가 나는 엔진을 살펴본 다음 고개를 내저으며 스페인어로 말했다. "무이 그라베"(매우 심각한 상태라는 말이다). 그는 버스 옆을 계속 서성거리다가 우리를 향해 돌아오지 않을 거라는 말을 남기고는 한 시간 후쯤 지나가던 트럭을 얻어 타고 가버렸다.

돌아보면 근처에 인가라고는 없는 허허벌판에 앉아 있었던 그날의 기억이 마치 어제 일처럼 생생하다. 우리가 버스 기사에게 버림받은 곳은 목적지에서 수마일 떨어진 곳이었다. 그런데 내 인생에서 가장 행복했던 순간 가운데 하나를 그때 경험하게 되었다. 나는 생기를 되찾았고 너무나 흥분되었다.

니카라과의 수도로 가는 동안 우리는 걷거나, 지나가는 차를 얻어 타거나, 택시를 탔는데 그때의 모험은 다음 기회에 이야기하기로 하자. 여기에서 요점은 그 경험이 어떤 면에서 나의 처음 8년간의 결혼생활을 보여 주고 있다는 것이다. 그것은 나를 제외한, 모든 사람의 인생을 대신 살아가고 있다는 느낌이었다.

처음 8년간의 결혼생활(중앙아메리카에서 스페인어를 배우는 일, 뉴욕 시로 이사한 일, 자녀를 낳은 일, 퀸즈에서 교회를 시작한 일)은 일종의 필사적으로 매달린 채 롤러코스터를 타는 것과 같았다. 나는 다른 누군가가 운전하는, 통제 불가능한 버스의 뒷좌석에 앉아 내리지도 못한 채 무력감에 시달렸다. 안타깝게도 남편을 향해 버스에서 내리고 싶다고 말하기까지 거의 죽을 것 같은 경험을 했다.

누구의 삶을 살고 있는가?

아일랜드의 극작가 조지 버나드 쇼는 삶의 막바지에서, 역사 속에 어떤 사람으로 살고 싶었느냐는 질문을 받았다. 그 질문에 그는, 자신이 될 수도 있었던 조지 버나드 쇼가 가장 되고 싶었지만 그렇지 못했다고 답했다. 당신은 어떤가? 과연 누구의 인생을 살고 있는가? 자신의 삶인가, 아니면 다른 누군가의 삶인가? 다음은 자신의 삶을 살고 있는지 아닌지를 구별하게 해주는 몇 가지 표시들이다.

- 남들이 어떻게 생각하는지 너무 많이 신경 쓴다.
- 거짓말을 한다.
- 남의 탓을 한다.

- 대립을 피한다.

- 거짓 평화가 없는 것보다 낫다고 믿는다.

- 자신보다 항상 남을 먼저 생각한다.

- 원하지 않는데도 '예'라고 말한다.

- 강한 사람한테는 이의를 제기하지 못한다.

- 자신을 희생시켜서라도 다른 사람들이 행복해지는 데 관심이 있다.

- 자신이 뭘 좋아하는지 잘 모르겠다.

인생의 버스를 직접 운전하고 있는가, 아니면 인식도 못한 채 다른 사람에게 운전대를 내어 주었는가? 하나님은 우리에게 다른 사람이 운행하고 있는 버스에서 내리라고 말씀하신다. 예수님이 하셨던 것처럼 말이다.

예수님께서 고향 나사렛에서 자신이 메시아임을 선언하고 주장했을 때 사람들은 그야말로 그를 절벽으로 끌고 가서 떨어뜨리려 했다. 그러나 예수님은 아버지가 주신 삶을 충실하게 살기 위해, 의연하게 그들 가운데로 지나서 가셨다(눅 4:28-31).

군중들이 "호산나, 구원하소서"라고 외치며 당신을 왕으로 추대하려 했을 때는 그들의 요구가 하나님의 뜻에 어긋나기 때문에 그 칭송을 무시하셨다(요 6:14-15).

예수님은 아주 여러 번 당신의 어머니와 형제들(마 3:21), 제자들,

군중들, 그리고 종교 지도자들을 실망시키셨다(요 6:41-62).

'모든 사람들이 원하는 삶을 살라'는 압박은 실로 엄청났다. 하지만 예수님은 성령의 능력과 지속적인 교제를 통해 아버지가 주신 일을 마무리하셨다. 당신 자신의 삶과 목적에 충실하셨던 것이다(요 17:4).

이와 마찬가지로 하나님은 우리가 주변의 여러 소리에 요동하지 않고, 타고난 자신의 삶을 진심으로 추구하기를 바라신다. 그렇게 할 때 우리 자신과 궁극적으로는 주변의 모든 사람들이 새로운 자유를 발견하고 경험할 수 있는 것이다.

자신을 발견하는 일생의 작업

교회 개혁가이자 신학자인 장 칼뱅은 이 말씀보다 더 그리스도인을 칭송하는 말은 없을 거라고 주장했다. "우리는 그가 만드신 바라"(문학적으로는 '걸작품'; 엡 2:10). 우리는 은하수, 별들, 태양계를 바라보면서 거기 드러난 하나님의 영광 때문에 숨이 턱 막힌다(시 19:1). 하지만 그 어느 것도 하나님의 걸작품이라고 불리지는 않는다. 오직 거듭남을 경험한 인간들만이 그렇게 불릴 뿐이다.

걸작품은 평범한 장인에 의해 만들어지지 않는다. 그것은 천재적이고 숙련된 기술을 필요로 한다. 곧 하나님이 세상에 주신 오직 하나밖에 없는, 두 번 다시없을 선물들이다. 그리고 그 선물은 바로 당신이다. 창조주이신 하나님은 당신을 독특한 존재로 만드셨다. 하지만 그 신성한 아름다움은 죄로 더럽혀졌다. 그리고 그것을 회복하는 과정은 평생에 걸쳐 느리게, 비싼 대가를 치르며 이어진다.

미켈란젤로의 시스티나성당(Cappella Sistina)은 역사상 최고의 예술 업적 가운데 하나다. 1508년부터 1512년까지 이 예술가는 창조와 멸망, 그리고 홍수로 인한 인류의 파멸을 묘사한 그림들을 반듯이 누운 채 성당 천장에 그려 냈다. 하지만 그 그림은 얼마 지나지 않아 색이 바라기 시작했다. 백 년도 채 안 되어 그림의 원래 색이 어떠했는지 기억하는 사람이 없을 정도였다. 1980년에 미켈란젤로의 귀중한 명작을 복원하기 위한 계획이 추진되어 성당 천장을 정화하기 위한 발판이 만들어졌다. 복원 사업 감독관은 한 번에 하나씩 2평방인치에 특수 용액을 사용하여 중요한 실험을 했다.

그 후 12년 동안 시스티나성당의 천장 전체에 정화 작업이 진행되었다. 철저한 고증과 자문을 거쳐 99.9퍼센트 원래 색채와 형태가 재현되었다. 작업이 마무리되기 전까지는 그 누구도 미켈란젤로가 하늘색, 녹색, 장미색, 라벤다 등의 대가인줄 짐작하지 못했다. 몇 세기 동안 쌓인 때와 먼지 아래 그가 사용했던 열정의 색깔들이 묻혀 있었기 때문이다. 이제 450년이 지나서 사람들은 처음으로 명 작품이 지닌 본연의 색상과 그 아름다움을 볼 수 있게 되었다.[1]

자기 고유의 운명과 삶을 은폐하는 거짓 껍질과 먼지들을 벗겨 버리는 일은 상당히 복잡하다. 파커 팔머(Parker Palmer)는 그것을 이렇게 설명한다.

> 우리들 대부분은 이방의 땅을 통과하는 긴 여정 후에야 우리의 자아의식에 도달한다. 그러나 이 여정은 관광업을 통해 팔리는 아무런 문제 없는 '여행 패키지'와는 조금도 닮은 구석이 없다. 오히려 오래된 순례 여행의 전통에 더 가깝다. 그것은 고난과 어둠, 위험이 가득한 '신성한 곳'을 향해 가는 자기 변화를 위한 여정이다.[2]

우리의 탁월한 삶을 식별하는 또 다른 방법은 하나님으로부터 온 '봉인된 명령들'을 발견하는 관점을 통해 온다.[3] '봉인된 명령'은 역사적으로 선장에게 주어진 특정한 지령 문서였다. 그는 언급된 시간과 장소에 도착하기 전까지 그것을 뜯어서는 안 되었다. 이것은 마치 하나님이 우리 각자에게 우리의 삶을 위해 주신 봉인 명령들과 같은 것이다. 하나님은 우리가 삶의 작은 일상에 주의를 기울임으로써 그것들을 열 수 있기를 바라신다. 저자 쉴라 린(Sheila Linn)은 단순하면서도 심오하게 이 과정을 설명한다.

> 나에게 주어진 봉인된 명령을 수행함으로써 나는 내 인생의 특별한 목적에 맞닿게 된다. 그럴 때 나는 위로와 의라는 심오한 감정을 느끼게 되고 온몸 또한 이완된다. 우리 삶의 목적은 모든 세포

들 안에 박혀 있어서 의의 감각은 생리학적으로 자연스레 드러나
게 된다고 믿는다.[4]

당신의 인생을 위한 하나님의 특별한 목적을 발견하는 일은 하
나의 과정이다. 진정한 자아와 건강한 영성을 위한 이 여정에서 우리
가 맞닥뜨릴 모든 일을 예상하는 것은 불가능하다. 하지만 나는 이
여정을 위한 네 가지 신뢰할 만한 지침들을 발견하게 되었다. 그것은
곧 자신의 진실(integrity)을 발견하라, 내면의 리듬에 귀 기울이라, 경
계들을 설정하라, 그리고 다른 이들을 내버려두라는 것이다. 그러면
이 땅에서의 특별한 목적을 성취하는 기쁨을 누림과 동시에 하나님
과 떠나는 모험에 참여하게 될 것이다.

자신의 진실을 발견하라

다른 누군가가 아닌 자신의 삶을 살기 위한 여정은 자신의 진실
한 마음을 발견하는 데서부터 시작된다. 당신에게 중요한 것이 무엇
인지를 인식하고 그것을 정의 내리는 일이 필요하다. 내가 여기서 말
하는 진실한 마음은, 언제나 하나님의 가치들과 같은 맥락을 이룬다.
예를 들어 당신이 학대를 받고 있다면 그 관계는 떠나라고 하지만 그
렇다고 더 이상 배우자를 사랑하는 기분이 들지 않는다고 해서 그를
버리라고 하지는 않는다. 나는 내면의 갈등으로 힘들어하는 사람들
을 도와줄 때마다 종종 이런 질문을 한다. "당신 안에 있는 진실은 당

신에게 뭐라고 합니까?" 대부분의 사람들은 자신이 무엇을 믿는지 어떤 가치를 가지고 있는지 깊이 생각해 본 적이 없기 때문에 그 질문에 선뜻 답을 하지 못한다. 자신의 행동과 가치들 사이의 틈, 외적 삶과 내적 삶에서 오는 부조화를 깊이 생각해 본 적이 없다.

그 다음 질문은 이것이다. "당신에게 중요한 것이 무엇입니까?" 만약 시간을 내서 이 질문에 대해 깊이 고민해 보지 않는다면 다른 사람들의 두려움, 기대치, 아젠다들(또는 당신의 두려움)이 당신을 이끌고 갈 것이다. 결국에는 자신에게 중요한 것이 아니라 자신이 반하는 것들에 의해 자기 자신이 규정되고 말 것이다.

나는 진실을 추구하려는 노력을 하면서 교회에서의 나의 섬김을 돌아보게 되었다. 예를 들어 한번은 우리 교회의 한 여성도가 자신의 뜻 깊은 생일 파티에 참석해 달라고 요청했다. 그녀는 내게 이메일을 보냈고, 편지도 썼고, 전화까지 했다. 그리고 주일에는 나의 참석을 간절히 바란다며 직접 얘기를 했다. 하지만 그 해에 난 딸들과 함께 시간을 보내는 것의 중요성에 대해 고민하고 있었다. 그 시절 나의 깊은 내면은 나에게 사회 활동을 줄이고 아이들과 더 많은 시간을 보낼 것을 요구했다. 바깥 활동을 줄이게 되자 아이들과 의미있는 시간들을 더 많이 가질 수 있었다. 아이들과 함께하며 여러 가지 것들을 가르칠 수도 있었다. 나는 아이들이 내적 갈등을 해결해나가는 것을 지켜보면서 느긋한 시간을 즐겼다. 내가 내 마음의 진실을 존중하지 않았거나 남들의 압박에 무릎을 꿇고 내 스케줄을 그들의 행사들로 채웠다면 이런 일은 결코 일어날 수 없었을 것이다.

내 마음의 진실과 마주했을 때 나는 다음과 같은 일들을 하지 않을 수 없었다.

- 뉴 라이프 펠로십 교회에서 피터의 모습과 그의 리더십 사이의 모순에 대해 맞선다.
- 교회 안으로 밀려드는 사람들과 교회 밖 사역의 요구들에 부응하기 위해 정서적인 건강, 결혼생활의 문제들, 그리고 신학에 관한 추가 훈련을 추구한다.
- 피터와 내가 정서적으로 건강한 영성에서 가르치는 가치들을 따르는 삶을 살아간다. 다시 말해 우리는 우리가 살아내지 못하는 것을 가르치고 싶지 않았다.
- 우리의 결혼 생활에 시간과 물질을 지속적으로 투자한다. 여기에는 멘토, 관계 전문 교육자, 치료 상담자와의 공식적인 그리고 비공식적인 훈련을 포함하여 주말 여행도 포함된다.
- 단순하게 생활함으로써 불필요한 낭비를 없앤다. 우리는 종이 대신 천으로 만든 냅킨을 사용한다. 12년 전에 텔레비전을 없 앴으며 지금은 원하는 DVD만 집으로 가져와 보고 있다.

오해를 받았을 때도 굴복하지 않고 단호한 태도를 보여라. 아버지의 뜻에 충실하고 사랑 안에서 자라는 것보다 더 중요한 것은 아무것도 없다. 일할 영역을 지나치게 넓히거나 하나님이 시키지도 않은 일을 했을 때는 사랑의 용량이 줄어든다. 나는 자주 스스로에게 묻는다. "만약 이 사람이나 이 약속에 '네' 라고 말하면 나는 더 많이 사랑할 수 있는 사람이 될까?"

궁극적으로, 우리에게 중요한 것이 무엇인지 적극적으로 발견하며 살 때는 다른 사람의 기대와 요구들에 지속적으로 반응할 때보다 더 적은 에너지를 소모한다.

내면의 리듬에 귀 기울이라

모든 피조물은 자연의 리듬을 가지고 있다. 이것은 우주 안에 깃든 하나님 손길의 일부이다. 낮과 밤, 여름과 겨울이라는 주기가 있고 바다와 별들의 위대한 움직임들도 있다. 모든 생명체는 그 안에 내재된 생체 시계, 곧 내적 리듬을 가지고 있다. 그래서 건강하고 균형 잡힌 방법으로 번창할 수 있다. 예를 들어 우리 몸은 호흡과 식사, 그리고 수면 리듬을 가지고 있다. 우리가 하나님이 주신 이 놀라운 선물을 무시하고 일주일에 70시간씩 일하거나, 수면 시간을 줄이거나, 식사를 거르거나, 혹은 우리의 한계를 넘어 몸을 혹사시킨다면 그에 따르는 고통을 겪게 될 것이다.

정서적 리듬이나 영적인 리듬에도 동일한 원리가 적용된다. 만약 내가 하나님과의 관계를 소홀히 하거나, 상대방이 정한 한계를 넘어서거나, 기쁨이나 즐거움을 관리하지 않는다면 내 영혼은 죽기 시작할 것이다. 그리고 우울함에 빠져들 것이다. 우리가 마침내 하던 일을 멈추고 휴식하게 될 때 내적 리듬은 그 효력을 다시 발휘하게 된다. 그래서 하나님이 의도하신 균형 안으로 돌아올 수 있게 한다. 그러나 분주함과 압박들이 가득한 우리 삶 가운데서 이 내적 리듬을 따르는 일은 결코 쉽지 않다.

게다가 우리 각자는 서로 다른 리듬을 가지고 있다. 우리의 내부 시계들은 동일하지 않다. 당신에게는 최적인 시계가 당신 주변 사람들에게도 최적인 것은 아니다.

리듬은 타이밍과 연관이 있다. 관계를 맺을 때가 있고 떨어져야 할 때가 있다. 유지해야 할 때가 있고 바꿔야 할 때가 있다. 사람들과 함께해야 할 때가 있고 떨어져야 할 때가 있다. 일해야 할 때가 있고 쉬어야 할 때가 있다. 즐겁게 놀아야 할 때가 있고 진지해져야 할 때가 있다. 예수님은 당신의 리듬에 주의를 기울였고 그것을 존중하셨다. 언제 다른 지역으로 가야 할지 아셨고 언제 혼자 있어야 할지 아셨다. 세 명과 있어야 할 때와 5천 명과 함께할 때를 아셨다. 설교할 때가 언제인지 기도할 때가 언제인지도 알고 계셨다.

나는 아침에 먼저 운동을 하고 하나님 앞에서 묵상하는 시간을 가진다. 나한테는 이것이 맞다. 저녁이 되면 나의 내면 시계는 이렇게 말한다. "피터와 먼저 이야기를 나눈 뒤 잠들기 전에 책을 읽는 것이 좋겠어."

반면 피터의 리듬은 나와 반대다. 그는 아침에 우선 묵상하는 시간을 가진 후 운동하는 것을 더 선호한다. 저녁 시간에 그의 내부 시계는 이렇게 말한다. "책을 먼저 읽고 잠자기에 들기 전에 제리와 얘기를 나누는 것이 가장 좋지." 우리는 시간이 지나면서, 우리의 차이점을 서로 존중하고 협상하는 것을 배워야 했다.

나의 어머니는 수많은 사람들을 거뜬히 접대할 수 있는 엄청난 능력을 지닌 분이다. 여름에 20명이 집에 갑작스레 들이닥쳐도 뚝딱 뚝딱 저녁 식사를 차려 내시곤 한다. 게다가 이제 벌써 여든다섯이나 되셨다! 어머니의 내적 리듬은 종종 지금은 손님들로 집이 가득 찰 때라고 말한다. 결혼생활 초기에 나는 어머니의 리듬을 따라 살려고 노력했다. 타 도시에서 온 손님들, 소그룹 모임, 친교 모임, 그리고 딸 아이들의 친구들까지 우리 집은 항상 사람들로 들끓었다. 나는 나의 리듬이 어머니와 다르다는 것을 알지 못한 채 고군분투했다. 몇 년이 지난 후에야 혼자 있는 것에 대한 필요가 훨씬 컸다는 것을 깨닫게 되었다.

우리의 리듬이 서로 다르다는 것을 기억하는 것은 일터나 친구들과의 관계에서, 교회에서, 결혼생활에서, 대가족 안에서, 그리고 심지어는 자녀 양육에서 우리의 요구와 기호를 존중하고 협상하는 것을 포함한다.

내면의 리듬을 경청하기 위해 다음의 질문들을 고려해 보라. 당신은 언제 사람들과 함께 있어야 하는지 또는 혼자 있어야 하는지 구별할 수 있는가? 언제 쉬어야 하는지 또는 놀아야 할지 아는가? 집중해서 일하기에 가장 좋은 시간은 언제인가? 수면 시간은 어느 정도가 적당한가? 식사 시간은 언제인가? 지금은 뭔가를 기다려야 할 때인가 아니면 앞으로 나가야 할 시간인가? 당신 삶의 속도는 어떤가? 당신은 당신의 인생의 이 시점에서 즐거운 일상과 건강한 균형을 확립하기 위해 무엇을 할 수 있는가? 그리고 마지막으로, 타고난 내면의 리듬에 더 부합하기 위해 어떤 변화를 시도할 수 있을까?

경계를 설정하라

우리는 누구와 경계를 정해야 할까? 그 대답은 간단하다. 모든 사람들과 해야 한다. 거기에는 어머니, 아버지, 형제들, 배우자, 자녀, 친구들, 직장 동료들, 심지어 애완동물까지 포함된다. 만약 당신을 위한 하나님의 길을 우회하지 않고 곧 바로 따라가려면 반드시 이 경계를 정해야 한다.[5]

사람들이 뭔가를 원하는 것은 나쁜 일이 아니다. 사람들은 언제나 당신의 시간, 정서적 지원, 전문 지식, 당신의 돈, 당신의 참여 등 당신에게 있는 무언가를 원할 것이다. 이는 당연한 것이다.

그렇다고 그들이 나쁜 것도 아니다. 심지어 남에게 주는 걸 좋아하는 사람들도 항상 무언가를 원하고 있다. 하지만 우리가 반드시 알아야 할 사실은, 누군가가 당신에게서 어떤 것을 원한다고 해서 하나님도 그렇게 생각하시는 건 아니라는 것이다. 당신이 그것을 제공해 줄 의무 같은 것은 없다. 물론 남들이 원하는 것을 하고 그들이 원하는 사람이 되는 것이 쉬울 수는 있지만 우리가 반드시 던져야 할 질문은 이것이다. 길게 보았을 때 무엇이 최선일까?

이 질문은 여러분과 내가 타고난 삶을 충실히 살기 위해 필요한 경계들을 정하도록 해준다. 이 질문을 던지지 않으면 우리 인생은 다른 사람의 인생에 융해되어 버린다. 융해란 물리학에서 쓰이는 용어로 금속들이 녹아 각각의 독특한 자질을 잃는 것을 말한다. 우리가 자신의 탁월함을 잃어버리고 다른 누군가의 삶 안에 녹아 버릴 때 이런 정서적인 융해가 일어나게 된다.[6]

피터는 톡톡 튀는 아이디어들을 가진 다재다능한 리더이다. 그는 한 번에 많은 일을 해내고 여러 가지 책임을 질 수 있는 엄청난 용량을 가지고 있다. 그의 일 가운데 내 경계들을 세우지 못했을 때 나는 마치 롤러코스터를 타고 있는 것 같았다. 그와 결혼했기 때문에 자연스럽게 그의 여러 가지 프로젝트에 끌려가야 했었다. 만약 내가 조심하지 않으면, 곧 방심하여 그가 벌이는 일을 처리하느라 나 자신을 놓치게 된다. 나는 내 한계를 인식하는 법을 배웠고 따라서 이제는 '예'와 '아니오'를 기도하는 마음으로 신중하게 선택한다.

당신이 헌신하고 있는 일들을 생각해 보라. 교회 공동체와 결혼 생활, 친구들과의 관계, 자녀들, 이웃들, 직장 동료들, 그리고 가족들, 혹시 하나님이 의도하신 적 없는 어떤 문제들을 떠안거나 그런 사람들에게 헌신하고 있지는 않은가? 좀 더 건강한 경계를 정해야 할 관계들이 있는가? 그것은 무엇과 같은가? 사람들의 지원과 기도가 필요한 부분은 무엇인가? 어떻게 하면 사람들을 사랑하면서도 건강한 경계를 세울 수 있겠는가?

기억하라. 경계를 정하는 것은 사람들을 더 잘 사랑하기 위해서다. 또한 우리 삶에서 스스로를 자유롭게 하는 것은 또한 주변의 사람들을 자유롭게 하기 위해서다.

다른 이들을 내버려두라

다른 사람으로 살기를 멈추는 일은 사람들과 건강한 경계를 세우는 것뿐만 아니라 다른 사람의 인생을 경영하려고 하지 않는 것이다. 내버려 둔다는 것은 남들의 삶에 간섭하지 않는 것이다. 다른 사람들의 삶을 통제하려면 많은 시간과 에너지가 필요하다. 따라서 자신의 삶에 집중하지 못하게 된다.

남들이 나와 다르게 생각하고, 느끼고, 행동할 경우 우리는 불안해지는 경향이 있다. 그 결과 중력의 끌어당김같이 그들을 통제하고 싶어진다. 만약에 당신이 부모라면 이것이 얼마나 어려운 문제인지 잘 알 것이다.

나는 네 딸들을 키우면서 수유를 하고, 밥을 먹이고, 옷을 입히며 정성스레 아이들을 돌보았다. 아이들은 그야말로 모든 것을 내게 의존했으며 나는 자연스럽게 그들이 내 존재의 연장이라고 생각했다. 하지만 하나님이 내게 주신 과제 가운데 하나는 의도적으로 그들을 내게서 떨어뜨리는 훈련을 하는 것이다.

언젠가 고등학생이었던 딸아이가 신발 한 켤레에 75불이나 주고 사려 한 적이 있었다. 나는 화가 나서 따졌다. "말도 안 돼. 제발 신발 한 켤레에 그렇게 많은 돈을 쓰지는 마라." 난 이런 딸의 행동이 어디로 이어질지 스트레스와 함께 불안을 느꼈다. 딸의 행동은 돈 관리 및 예산에 대한, 한 사람이 몇 켤레의 신발을 소유하는 것이 적합하냐는 질문에 대한, 그리고 신발 한 켤레에 그렇게 많은 돈을 지출하는 것이 도덕적으로 맞는지에 대한 나의 가치관과 위배되었다.

내 항의에도 불구하고 딸아이는 그것이 좋은 투자라고 장담했다. 딸은 자기 고집대로 신발을 구입했고 결국 그 신발은 내가 물려받게 되었다. 그것은 6년이 지난 지금도 내가 종종 애용하는 신발이 되었다. 나중에는 이런 생각도 들었던 것 같다. "음, 어쩌면 내가 딸아이한테 쇼핑에 대해 좀 배워야겠네." 이것은 내게 중요한 교훈이 되었다. 아이의 선호도가 나와 다를 수 있다는 것과 가끔은 나보다 현명하기까지 하다는 것을 깨달았다.

자녀들을 놔주는 것과 그들의 다른 점을 존중하는 일은 아직까지 진행 중인 과제이다. 내가 춥다고 그들도 추운 것은 아니다. 내가 더워서 목이 마르다고 그들 역시 목이 마른 것은 아니다. 내가 야외 활동과 운동을 좋아한다고 그들 또한 그것을 좋아하는 것은 아니다. 나는 아이들의 방을 핑크색으로 칠하고 싶었고 악기를 배우게 하고 싶었다. 하지만 아이들은 다른 색깔을 원했고 음악 수업에는 별로 관심이 없었다.

아이들이 청소년과 성인으로 성장함에 따라 그들을 내버려 두는 것은 그들이 누구와 사귀는지, 그리고 누구와 결혼할지, 어떤 직업을 선택할지, 어떤 대학에 입학할지, 그리고 그리스도를 어떤 식으로 따를지 결정하는 것과 관련하여 우리의 통제를 풀어 주는 것을 의미한다. 제발 내 말을 오해하지 않기 바란다. 나는 부모가 아이들이 좋은 선택을 하도록 지도해야 하고 그때그때 필요한 역할을 해야 한다고 믿는다. 혹시 다른 아이들에게 해를 끼치는 행동이라도 한다면 당연히 부모가 개입해서 책임을 져야 할 것이다. 하지만 우리 아이들은 삶의 많은 영역에서 옳은 선택을 한다. 그 선택이 그저 우리의 선택과 다를 뿐이다.

마침내 그들이 어른이 되었을 때, 그리고 결혼을 해서 가정을 이루었을 때, 우리가 했던 방식과는 다르게 그들의 자녀를 양육하는 것을 지켜봐야 하는 일이 생길 수도 있다. 그럴 때는 요청이 있을 때만 조언이나 충고를 해야 할 것이다. 그들의 부모 역할에서 동료의 역할로 성숙한 전환을 하도록 최선을 다해야 한다.

다른 사람들을 놓아 주는 것은, 자녀 양육에만 국한된 이야기는 아니다. 이것은 삶의 많은 영역에 두루 걸쳐 행할 수 있다. 예를 들어 우리는 사람들이 교회에 올 때 어떻게 입어야 하는지, 또는 어떻게 행동해야 하는지, 그리고 그들의 영적 삶을 어떻게 성장시켜야 하는지 마땅히 알아야만 한다고 생각한다. 사람들이 우리 공동체를 떠나기로 결정하고 다른 공동체에 가입할 수도 있다. 이런 일이 벌어졌을 때 우리는 그들을 원망하게 될 수도 있고 또는 그들의 여정이 우리와 다른 것을 인정해 줄 수도 있다. 사람들은 정치와 국제 문제에 대해 나와 다른 견해를 가지고 있다. 그럴 때 나는 그들의 말을 경청하거나 질문을 하면서 그들을 이해하려 할 수 있다. 아니면 편협하다고 생각하며 그들에게 화를 낼 수도 있다.

이 부분에서 내가 잘 성장하고 있는지 판단할 수 있는 좋은 척도 가운데 하나는, 내 마음 안에 다른 사람들의 차이점을 인정하기보다는 분노와 판단이 차오르는 것을 알아차리는 것이다. 남편과 함께 주말을 보낼 수 없게 되었을 때 뾰로통한 채 이렇게 말할 수 있을 것이다. "흥, 피터가 이렇게 아름다운 토요일에 도서관에 틀어박혀 책만 읽으려 한다면 어쩔 수 없지. 밖에 나가 하나님이 주신 자연의 선물들을 만끽하지 못한다 해도 난 신경 쓰지 않을 거야!"

아니면 잠시 멈추어서 그의 독특함을 인정하고 진심으로 감사하는 것이다. "오늘 오후에 혼자 하이킹을 가는 것이 섭섭하기는 하지만 그렇게 다양한 분야에서 배우고 싶어 하는 피터의 능력은 참으로 놀라워."

당신은 언제, 어디서, 그리고 누구를 내버려 두어야 하는가? 사실은 선호의 문제일 뿐인데, 자신이 그것에 관해 가장 잘 알고 있다고 말하고 싶을 때는 언제인가? 누군가가 내린 결정이 비록 불안하고 걱정이 되지만, 그래도 내버려 두어야 하는 한두 가지 일을 떠올려 보자. 기도하는 마음으로 그 사람과 상황을 하나님께 맡기라. 하나님이 당신의 결정을 어떻게 사용하시겠는가?

자기 선언문을 쓰라

몇 년 전 나는 2년에 걸쳐 참석한 수련회를 정리하며 나의 선언문(나의 믿음과 가치들에 대한 공공의 선언서)을 작성했다. 그것은 시, 수필, 성경을 참조해서 작성한 것으로 나의 30년간의 그리스도와의 여정을 정리하고 요약하는 시도였다. 이를 통해 나는 마치 퍼즐 조각들을 맞추듯이 과거, 현재, 미래의 큰 그림을 보기 시작했다. 그리고 그리스도 안의 진정한 나를 덮고 있던 낡은 층을 벗겨 내고 나만의 독특한 색이 빛 가운데 나타나기를 갈망했다.

나는 천천히 이것들을 적어 두었다가 나중에 책상 앞에 붙여 놓았는데 오늘까지 그대로 남아 있다. 아직은 과정 가운데 있지만 그럼에도 불구하고 이 일은 다른 누군가로 사는 것을 멈추고 자신의 삶을 취하는 또 다른 중요한 단계가 되었다.

다음은 나의 믿음과 가치들을 밝히는 개인적인 선언문이다. 당신이 가고 싶어 하는 방향에 대한 이해를 돕기 위해 이것을 공유한다. 비록 내 여정의 특정한 시점에 맞춰 적은 것이지만 이것을 통해 하나님이 당신에게만 말하고자 하는 것을 떠올릴 수도 있을 것이다.

- 내가 사랑하는 것들을 사랑함으로써 온 마음과 생각, 영혼, 그리고 힘을 다해 주 하나님을 사랑하라.[7]

- 내 이웃을 내 몸처럼 사랑하되 자신보다, 자신 이상으로 사랑하지는 마라.

- 겸손히 행하며 인자를 사랑하며 정의를 행하라(미 6:8 참조). 그렇다고 해서 사막을 가로질러 수백 마일을 무릎으로 걸을 필요는 없다.[8]

- 다음의 것들을 통해 좋으신 주님을 경험하고 발견하라. 결혼 생활의 기쁨을 즐기는 것, 가족의 사랑과 웃음, 맛있는 음식, 햇살의 따스함, 살갗을 타고 흐르는 물의 느낌, 형형색색 허브와 꽃들의 향기, 별이 가득한 밤, 모든 사람 안의 깃든 하나님의 형상.

- 자신의 한계를 극복함으로써 성장하되 하나님이 주신 한계는 받아들이라. 그렇지 않으면 남들에게 큰 피해를 줄 수 있다.[9]

- 침묵을 친한 친구로 삼아라.

- 상황이 힘들어질 때 왜 그럴까 궁금증을 가져라.

- 질문은 신속하게, 그러나 조언은 천천히 하라.

- 나의 첫 번째 일은 마음의 안식과 잠잠한 가운데 그분이 하나님이란 것을 아는 것이다.

- 흑암 가운데 보화가 있다. 그것은 계산할 수 없는 재물을 지니고 있다.[10]

- 행복하지 않은 사람은 여러 사람들을 도와줄 수 없다.
- 사슴의 지혜를 기억하라. 결함을 포함한 모든 것을 있는 그대로 받아들이라.[11]
- 모든 생각과 느낌들은, 그것이 아무리 즐겁거나 어둡더라도, 우리를 안내하기 위해 보내진 것들이다. 귀한 손님처럼 다루라.[12]
- 성경에 나오는 보리떡 다섯 개와 물고기 두 마리의 사건을 기억하라. 하나님은 내 삶의 근원이시다(요 6:1-13).
- 연어를 기억하라. 물살의 공격으로부터 도망치지 말고 신비와 은혜를 경험하는 쪽으로 방향을 돌리라.

선언문의 마지막 항목을 보면, 다른 누군가로 살지 않고 자신의 삶을 사는 것이 마치 연어들이 거친 물살을 거슬러 헤엄치는 것과 닮아 있다는 생각이 든다. 연어는 알을 낳을 때가 되면 떨어지는 폭포의 물결도 거스르며 강 상류로 헤엄쳐 간다. 그들은 강한 물살을 뚫기 위해, 중앙에서 꼬리까지, 어떻게든 아랫부분을 돌린다. 물살이 정확하게 아래쪽을 치게 되면 그 힘으로 폭포 위를 향해 점프하는 것이다. 실제로 폭포 위로 올라갈 때까지 반복해서 이 동작을 한다. 물살에 몸을 맡기는 특정한 방식 때문에 실제로 연어들은 공중으로 튕겨나가게 된다. 마치 하늘을 날고 있는 것처럼 말이다.

자신의 진실을 발견하고, 내면의 리듬에 귀 기울이고, 경계들을 설정하고, 그리고 내버려 둔다면 당신도 연어와 마찬가지로, 우리 문화와 자신 안으로 밀려드는 강한 물살을 거스를 수 있을 것이다. 이때 우리를 쓸어버릴 수도 있었던 위협적인 폭포 위로 뛰어오르는 기적이 일어난다. 그리고 하나님이 주신 아름다운 생명의 기쁨 안으로 들어가게 된다. 거기서 하나님의 '봉인된 명령'을 이행할 수 있을 것이다.

더 이상 분열된 삶을 살지 않는다 [13]

어쩌면 자신이 겪고 있는 문제의 해결책을 얻으려고 이 책을 집어 들었는지 모르겠다. 아니면 《정서적으로 건강한 여성》이라는 책 제목에 끌려 온전함에 이르는 몇 가지 쉬운 길을 바랐는지도 모르겠다. 하지만 나의 관심은 우리가 그리스도 안에서 변화하기 위한 새로운 비전을 가지는 것과 잘못 이해한 성경의 진리들을 다시 생각해 보게 하는 몇 가지 효과적인 원리들에 있다.

감사하게도, 나는 오래 전 교회를 그만 두었을 때와는 많이 달라져 있다. 가식을 버리고 다른 뭔가를 시도한 것, 죽음 대신 생명을 선택한 일은 내게 엄청난 해방감을 가져다주었다.

나의 가장 큰 목표는 진정한 사랑이다. 하나님을 사랑하고, 자신을 사랑하며, 다른 사람들을 사랑하는 것이다. 여덟 가지 '멈춤'은 그러한 목표를 위한 가장 중요한 수단들이 되었다. 나는 계속해서 그것들을 연습할 것이고 그래서 하나님이 이를 통해 나를 바꾸시도록 할 것이다.

'멈춤'은 나를 환상에서 나와 현실로, 어둠에서 빛 가운데로, 내적 구속에서 내면의 자유로, 슬픔에서 기쁨으로, 두려움에서 평강으로, 미움에서 사랑으로, 흑암에서 빛으로 이끌었다. 비록 많은 것을 알지는 못하지만 예수님이 소경의 눈을 뜨게 하셨을 때 그가 말했던 것처럼 나 역시 하나는 분명히 안다. "한 가지 아는 것은 내가 맹인으로 있다가 지금 보는 그것이니이다"(요 9:25).

이 책을 마무리하면서, 당신이 하나님이 만드신 유일한 여성이 되기 위해 그 옛날 로자 파크스(Rosa Parks)가 내렸던 결정을 동일하게 하게 되기를 권면한다. 로자 파크스는 1950년대 남부의 분리 구역에 살고 있던 아프리카계 미국인 여성이었다. 그녀는 실제로는 그렇지 않은데 모든 것이 괜찮은 척 살아가는 것에 매우 지쳐 있었다. 퀘이커 교도였던 파커 J. 팔머는 그녀의 이야기를 다음과 같이 자세히 적고 있다

> 1955년 12월 1일, 앨라배마 주 몽고메리에서 로자 파크스는 자신이 해서는 안 될 행동을 했다. 버스 앞쪽의 백인 전용 좌석에 앉은 것이다. 그것은 엄연히 인종차별이 존재하는 사회에서 위험하고 대담하며 도발적인 행동이었다. 여러 해가 지나 전해 오는 이야

기에 의하면 어떤 대학원생이 그녀에게 이렇게 물었다고 한다.

"그날 당신은 왜 버스 앞자리에 앉았나요?"

로자 파크스는 사회 변혁을 꾀하기 위해서라고 대답하진 않았다. 그녀의 동기는 아주 단순했다.

"피곤했거든요."

하지만 피곤한 건 그녀의 몸만이 아니었다. 그녀의 영혼이, 그녀의 마음이, 그녀의 존재 전체가 인종차별주의자들의 규칙에 놀아나는 것에, 그녀 영혼이 주장하는 자아를 부인하는 것에 피곤해졌다는 의미이다.[14]

로자 파크스는 그날 더 이상 분열된 삶을 살지 않겠다는 결정을 내렸다. 그녀는 더 이상 자기 내면의 진실과 모순되는 무엇으로 살지 않을 것이라고 결심했다. 속으로는 슬픈데 겉으로는 웃는 채 사는 것을 거부했다.

당신 역시 그런 선택을 하게 되기를 기도한다. 더 이상 분리된 삶을 살지 말고 하나님의 용기를 붙잡으라. 그래서 우리 삶을 뚫고 들어와 새롭고 아름다운 것을 탄생시키기 갈망하는 성령님의 초자연적인 힘을 발견하라.

한 가지만 기억하라. 멈춤을 시작하기에 너무 늦은 때는 없다.

: 감사의 글

멈춤을 시작하기에
너무 늦은 때는 없다

이 책은 남편 피터가 아니었다면 결코 세상에 모습을 드러내지 못했을 것이다. 작가인 남편에 비해 나는 사색가에 가깝다. 물론《정서적으로 건강한 여성》에서 여성들이 멈추어야 할 것들을 찾아내고, 여덟 가지로 뼈대를 구성하여 그것에 이름을 붙인 것은 나였다.

하지만 남편은 책을 집필하는 동안 지속적으로 곁에서 "책의 모든 내용은 바로 당신 안에 있어요"라며 나를 격려하고 지지해 주었

272

다. 따라서 이 책은 처음부터 끝까지 우리 두 사람의 팀워크와 노력을 고스란히 담고 있다고 할 수 있다. 또한 17년 넘게 이어 온 신앙의 여정 가운데 우리들이 놓쳤던 영성의 한 측면에 대해서 배운 것들을 잘 보여 주고 있다.

나의 남편인 피터는 특별할 정도로 멋진 사람이다. 그와 결혼한 것은 내게 크나큰 행운이었다. 피터가 지닌 가장 큰 매력 가운데 하나는 겸손함과 더불어 성장 및 배움, 변화에 대해 열려 있는 마음이다. 그는 항상 내가 말하는 '멈추어야 할 것'들에 반응해 왔고 자신의 삶에서 그것을 적용하려고 열심히 노력했다. 우리는 '정서적으로 건강한 영성'이라고 이름 붙인 이 놀라운 여정을 지나오는 동안 함께 성장하며 서로 기쁨을 누리는 삶이 얼마나 복된 것인지를 경험했다. 결혼 생활 28년 만에 우리가 동일한 배움을 얻게 된 것이 내게는 너무나 놀랍고 소중하며 마냥 품고 싶은 선물이 되었다.

이제까지의 내 인생에서 그 중요성을 가늠할 수 없을 만큼 지대한 영향을 끼쳤던 두 공동체가 있다. 하나는 부모님을 포함한 친척들과 형제자매, 시댁 가족, 사촌들과 조카들을 아우르는 대가족 공동체다. 그들을 통해서 난 지금까지도 깊은 유대감과 소속감, 사랑을 경험하고 있다. 그들은 내게 영원토록 감사의 제목이 될 만한 무궁무진한 유산들을 전해 주었다. 그들이 이제껏 쌓아서 고스란히 남겨 준 보물들이 아니었다면 '멈추는 법'을 깨닫지 못했을 것이다.

그리고 내가 감사하고 싶은 또 하나의 공동체는 뉴 라이프 펠로십 교회 공동체다. 지금의 내 모습은 그들과 수년 동안 함께하면서 빚어진 '변화된 나'이다. 그들을 통해 난 새로운 영성의 여정을 개척할 수 있었다. 우리는 25년 동안 서로를 깊이 사랑했고 신뢰를 쌓아 왔다. 이 공동체가 《정서적으로 건강한 여성》이라는 책에서 표현된 진리를 품을 수 있는 교회가 되어 준 것에 대하여 깊이 감사한다.

샌디 밴더 지트와 존더반출판사에도 고마운 마음을 전하고 싶다. 특히 샌디의 뛰어난 편집 능력과 내 방식대로 여유롭게 집필해 가는 동안 인내하며 기다려 준 마음에 대해 감사를 전한다. 나를 대신해 이 메시지를 대변해 준 케이시 헬머스에게도 감사드린다.

예수 그리스도의 몸인 교회에 대한 사랑으로 우정과 피드백을 전해 준 바바라와 크리스 지아모나에게도 고마움을 전한다.

이 메시지에 대한 더그 슬레이바흐의 비전과 리더십에도 감사를 표하고 싶다. 그는 몇 년 전 우리 삶에 불쑥 걸어 들어온 귀한 지체이다. 그리고 이 책의 재출간을 맡아 처음부터 끝까지 인내로 수고해 준 리사 키이스에게도 감사의 마음을 전한다.

마지막으로 미드웨스트에서 온 '천사들'에게도 감사의 마음을 전하고 싶다. 그들은 내가 힘겨워서 숨이 넘어가고 있을 때 '산소마스크'를 씌어 준 사람들이다. 이곳 뉴욕 사역에서 가장 위급했던 순간에 관대한 호의를 베풀며 우리의 필요를 충족시켜 주었다. 그들의 사랑은 내 영혼에 산소를 공급했고, 힘겨웠던 처음 십년의 시간을 인내하며 견딜 수 있게 해 주었다. 하나님은 그들을 통해 수많은 자양분들을 선물로 주셨다. 그대들의 친절과 호의가 아니었다면 나는 지금까지 계속 뉴욕에 있을 수 없었을 것이다.

주

Part 1

Chapter 1

1. Joe Simpson, Touching the Void: The True Story of One Man's Miraculous Survival (New York: HarperCollins, 2004), 120 - 121, 126. 이 이야기는 영화에 등장하는 두 사람의 인터뷰를 기초로 작성되었다.

Part 2

Chapter 2

1. G. R. Evans, trans., *Bernard of Clairvaux: Selected Works*, Classics of Western Spirituality (Mahwah, NJ: Paulist Press, 1987), 173 - 205.

2. 이것은 다음에서 인용했다. David Schnarch, *Resurrecting Sex* (New York: HarperCollins, 2003), 120 - 121.

3. 바울은 베드로에게 복음의 정수를 상기시켰다. 하나님은 예수 그리스도를 믿는 믿음과 그분이 십자가에서 하신 일을 통해 죄인들을 받아주신다. 이것은 유대인에게나 이방인에게나 동일한 구원의 방법이다.

4. Parker J. Palmer, *Let Your Life Speak: Listening to the Voice of Vocation* (San Francisco: Jossey Bass, 2000), 56 - 72.

5. 이 진리를 향해 나갈 때 우리가 계발한 독특한 기술이 있다. 일명 '온전함의 사다리'다. 다음 책의 6장을 보라. Pete and Geri Scazzero, *Emotionally Healthy Skills* 2.0: *Transform the Way You Love God, Yourselves, and Others* (Elmhurst, NY: Emotionally Healthy Spirituality, 2012). 다음의 사이트와 앱을 통해서도 볼 수 있다. www.emotionally healthy.org or the Emotionally Healthy Spirituality App through the Apple iTunes store. 9780310320012_EmotHealthyWmn_sc_int_cs5.indd 211 10/11/12 11:16 am

Chapter 3

1. Virginia Satir, John Banmen, Jane Gerber, and Maria Gomori, *The Satir Model: Family Therapy and Beyond* (Palo Alto, CA: Science and Behavior Books, 1991), 301.

2. www.livescience.com/health/060515_why_lie.html

3. Sue Monk Kidd, *When the Heart Waits: Spiritual Direction for Life's Sacred Questions* (New York: Harper Collins, 1990), 163.

4. Sandra Wilson, *Released from Shame: Moving Beyond the Pain of the Past* (Downers Grove, IL: InterVarsity Press, 1990), 78.

Chapter 4

1. 디모데후서 1장 8절에서 바울은 다음과 같이 적고 있다. "오직 하나님의 능력을 따라 복음과 함께 고난을 받으라."

2. '한계의 선물'에 대해 보다 균형 잡힌 성경적 견해를 보려면 《정서적으로 건강한 교회》 9장 '한계라는 선물을 받아들이라'를 보라. by Pete Scazzero, *The Emotionally Healthy Church: Updated and Expanded Edition* (Grand Rapids: Zondervan, 2010).

3. Henri J. M. Nouwen, *The Return of the Prodigal Son: A Meditation on Fathers, Brothers and Sons* (New York: Doubleday, 1992), 101.

4. 우리가 적극 추천하는 다음의 책들이 많은 도움이 될 것이다. *Prayer of Examen*: Dennis Linn, Sheila Fabricant Linn, and Matthew Linn, *Sleeping with Bread: Holding What Gives You Life* (Mahwah, NJ: Paulist Press, 1995).

5. Eugene H. Peterson, *Eat This Book: A Conversation in the Art of Spiritual Reading* (Grand Rapids: Eerdmans, 2006), 71.

6. 사무엘하 11-12장을 보면 나단 선지자가 왔을 때 다윗은 자신이 했던 거짓말과 간음에 대해 죽음의 고통을 겪어야 했다. 그는 또한 하나님보다 자신의 군사적 힘을 더 신뢰했던 죄

에 대해서도 고통스런 대가를 치러야 했다(대상 21:1-17).

7. 이에 대해 보다 상세한 설명을 보려면 다음을 참조하라. Peter Scazzero, *The Emotionally Healthy Church*.

8. 도움이 된다면 어떤 번호라도 사용해 볼 것을 권한다. — the 16PF (Personality Factors), the MMPI, DISC, Myers-Briggs.

9. 두 사람이 계발한 질문들을 살펴보라. Don Richard Riso and Russ Hudson, *The Riso-Hudson Enneagram Type Indicator* (Stone Ridge, NY: Enneagram Institute, 2000), or www.enneagraminstitute.com for an online version 9780310320012_EmotHealthyWmn_sc_int_cs5.indd 212 10/11/12 11:16 am

10. 다음을 보라. Richard Rohr, *The Enneagram: A Christian Perspective* (NewYork: Crossroad, 2001); Renee Baron and Elizabeth Wagele, *The Enneagram Made Easy: Discover the 9 Types of People* (San Francisco: HarperSanFrancisco, 1994).

Chapter 5

1. Aristotle. Cited at www.wisdomquotes.com/quote/aristotle-10.html.

2. 다음에서 인용했다. Michael Yapko's lectures found in *Calm Down! A Self-Help Program for Managing Anxiety* (Audio CD program) (Fallbrook, CA: Yapko Publications, 2008).

3. Henri J. M. Nouwen, *Can You Drink the Cup?* (Notre Dame, IN: Ave Maria, 1996).

4. 자신의 분노나 슬픔, 두려움에 귀를 기울이는 방법에 대한 설명과 모델은 다음을 보라. Session 4, "Explore the Iceberg," *in Emotionally Healthy Spirituality* 2.0, by Pete and Geri Scazzero. 애플 아이튠즈의 '정서적으로 건강한 영성' 앱을 통해서도 다운받을 수 있다.

Part 3

Chapter 6

1. Virginia Satir 가 계발한 것으로 Self-Esteem Maintenance Tool Kit이라 불린다. 다음을 보라. Satir, Banmen, Gerber, and Gomori, *The Satir Model*, 293 - 297.

2. Peter L. Steinke, *Congregational Leadership in Anxious Times: Being Calm and Courageous No Matter What* (Herndon, VA: Alban Institute, 2006), 81.

3. 안식에 대한 보다 깊은 이해를 위해서는 피터 스카지로의 《정서적으로 건강한 영성》을 참고하라. Pete Scazzero, *Emotionally Healthy Spirituality: Unleash a Revolution in Your Life*

in Christ (Nashville, TN: Nelson, 2006), 165 - 173.

Chapter 7

1. "엄마의 빨간 드레스"(Millie's Mother's Red Dress)라는 시는 다음의 문집에 발표된 것이다. by Carol Lynn Pearson(www.clpearson.com), *Beginnings and Beyond*, *published by Cedar Fort Press* (Cedar Fort, Utah, 2005). 허락을 받아 사용했다.

2. 과기능에 대한 가장 훌륭한 토론은 다음을 참고하라. Harriet Goldhor Lerner, *The Dance of Intimacy: A Woman's Guide to Courageous Acts to Change in Key Relationships* (New York: Harper and Row, 1989), 102 - 122.

3. 이것은 다음 사이트의 에드 프라이드만이 한 강의에서 인용했다. www.leadership-inministry.com/ may_i_help_you%3F.htm

Chapter 8

1. 목양과 감독, 멘토링, 영적 권위와 관련 있다. 그리고 그것은 선생과 조언자로서의 관계이다. 고용주가 된다는 것 역시 권위와 힘을 지닌 자리에 앉는다는 것이다. 하지만 우정은 이것과 다르다. 기대나 요구는 최소화되고 힘과 권위는 공평하게 주어진다. 바운더리가 다른 것이다. 우정은 가르침이나 조언에 비해 동료 사이에 이뤄지는 경우가 많다.

2. 마음 읽기를 멈추는 기술에 대해서는 다음을 참고하라. Lesson 2 of *Emotionally Healthy Skills* 2.0, by Pete and Geri Scazzero. "정서적으로 건강한 영성"(Emotionally Healthy Spirituality) 앱을 통해서도 다운받을 수 있다.

3. 이성적 사고를 포함한 뇌의 처리 과정은 고차원적 모델(고차원적 접근)에서 엄청난 연구가 이루어지고 있다. 자신을 돌아볼 줄 아는 사고와 대조되는 저차원 모델(저차원적 접근)의 처리 과정은 보다 충동적이고, 쉽게 반응하며, 자기 성찰이 결여되어 있다. 더 많은 정보를 얻고 싶으면 다음을 보라. Daniel J. Seigel and Mary Hartzell, *Parenting from the Inside Out: How a Deeper Self-Understanding Can Help You Raise Children Who Thrive* (New York: Penguin, 2003), 154 - 219, and Daniel Seigel, *The Mindful Brain: Reflection and Attunement in the Cultivation of Well-Being* (New York: Norton, 2007).

Chapter 9

1. Al Janseen, Gary Rosberg, and Barbara Rosberg, *Your Marriage Masterpiece: Discovering God's Amazing Design for Your Life Together* (Wheaton, IL: Tyndale, 2008), 15 - 18.

2. Palmer, *Let Your Life Speak*, 17 - 18.

3. 이 용어는 다음에서 인용했다. Agnes Sanford, *Sealed Orders* (Alachua, FL: Bridge-Logos, 1972).

4. Dennis Linn, Sheila Fabricant Linn, and Matthew Linn, *Sleeping with Bread: Holding What Gives You Life* (Mahwah, NJ: Paulist Press, 1995), 21. 9780310320012_ EmotHealthyWmn_sc_int_cs5.indd 214 10/11/12 11:16 am

5. 다음을 보라. Michael D. Yapko, *Breaking the Patterns of Depression* (New York: Broad Books, Random House, 1997), 284 - 320.

6. Steinke, *Congregational Leadership in Anxious Times*, 26.

7. 이 생각은 다음의 시에 영향을 받은 결과로 나온 것이다. Mary Oliver's poem "Wild Geese." 다음의 사이트에서 볼 수 있다. www.english.illinois.edu/MAPS/poets/m_r/oliver/online_poems.htm. 자기가 좋아하는 것을 사랑하는 것은 하나님께 영광을 돌리는 방법 가운데 하나다.

8. 이 또한 위의 시에 나오는 것이다. 고통을 위해 고통 받는 것은 우리에게 아무런 도움이 되지 못한다. 예수님은 제사가 아니라 긍휼을 원하신다(마 9:13).

9. 우리가 받아들여야 하는 하나님이 주신 한계와 우리가 깨뜨려야 할 한계를 구별하는 법에 다음의 책을 참고하라. Scazzero, *The Emotionally Healthy Church* (pp. 137 - 158).

10. 이 구절은 헬렌 켈러의 시 "Once in Regions Void of Light"에 나오는 것이다. 다음의 사이트에 전문이 있다. www.abadeo.com/books/keller.html. 흑암 중의 보화(treasures in darkness)라는 구절은 이사야서 45장 3절에 나오는 표현이다. "네게 흑암 중의 보화와 은밀한 곳에 숨은 재물을 주어."

11. 이 구절은 다음의 시에 나오는 말이다. "The Wisdom of the Deer," by Kent Osborne. 사슴의 지혜는 한 사람의 온전한 이야기 가운데 있는 자신만의 품위와 아름다움을 받아들이는 것이다. 자신이 가진 현재의 지식은 결함을 포함한 모든 것이 보물이다.

12. 이것은 루미(Rumi)의 시 "The Guest House"에 나오는 표현이다. www.panhala.net/Archive/The_Guest_House.html.

13. 나는 이 말을 파커 팔머의 책을 통해 처음 배웠다. Parker Palmer, *A Hidden Wholeness: The Journey toward an Undivided Life* (San Francisco: Jossey Bass, 2004).

14. Palmer, *Let Your Life Speak*, 32 - 33.